Charles VOGEL et A. COUMRYANTZ

Le Peuple qui Souffre

L'ARMÉNIE

Ses Origines, son Passé, son Avenir ?

PRÉFACE

PAR

JEAN JULLIEN

Délégué de la Société des Gens de Lettres

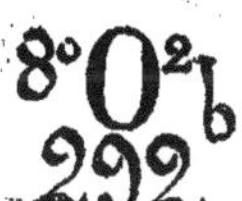

Publications DORBON-AINÉ, 19, Boul. Haussmann, PARIS

PAUL ACKER. — *Portraits de femmes*, in-8 .... 7 50

COMTESSE D'APCHIER. — *Souvenirs* (*La Vérité sur Louis XVII*), in-8 .... 7 50

A.-Y. AZARIAN. — *L'Arménie*, broch. in-8 de 16 pages et carte. 1 »

G. AUDIGIER. — *La Ville au Bois dormant* (poèmes senlisiens), in-18 .... 3 50

JAMES M. BECK. — *L'Arbitrage des Neutres*, petit in-8 .... 0 60

H. BERALDI. — *Un caricaturiste prophète: La guerre telle qu'elle est, prévue, il y a 33 ans, par A. Robida*, in-4 illustré .... 6 »

J.-E. BLANCHE. — *Essais et portraits* (Fantin-Latour, Whistler, Forain, Beardsley, Manet, etc.), in-8 .... 7 50

HENRY BORDEAUX. — *Les Amants de Genève*, in-4 avec trois planches 7 50

JACQUES BOULENGER. — *Ondine Valmore*, in-8 avec portrait. 7 50

MARCEL BOULENGER. — *Mes relations*, in-18 .... 3 50

Opinions choisies, in-18 .... 3 50

Nos Elégances, in-18 .... 7 50

X.-MARCEL BOULESTIN. — *Tableaux de Londres*, in-8 .... 7 50

Dans les Flandres Britanniques, in-4 illustré par J.-E. Laboureur .... 15 »

RENÉ BOYLESVE. — *La Poudre aux yeux*, in-4 .... 10 »

Nymphes dansant avec des Satyres, in-4, avec ornements de Pierre Hepp .... 10 »

TH. DE CAUZONS. — *Histoire de la Magie et de la Sorcellerie en France*, 4 vol. in-8 écu d'ensemble 2.300 pages .... 20 »

CHODERLOS DE LACLOS. — *Poésies*, réunies et annotées, in-8 écu 5 »

HENRI CHERVET. — *Escarmouches pour la Tradition*, in-18 .. 3 50

CHARLES VOGEL et A. COUMRYANTZ. — *Le Peuple qui souffre: L'Arménie, ses origines, son passé, son avenir?* .... 2 »

FRANÇOIS DE CUREL. — *Le Solitaire de la Lune*, in-4 avec frontispice de Rassenfosse 7 50

G. DELAHACHE. — *Un ennemi du Cardinal « Collier »* in-8 écu. 3 50

LOYS DELTEIL. — *Manuel de l'Amateur d'Estampes du XVIIIe siècle*, in-8 avec 106 reproductions (épuisé).

MARCEL DROUET. — *L'ombre qui tourne*, in-18 .... 5 »

PAUL DROUOT. — *Sous le vocable du chêne* .... 5 »

ELIZABETH DRYDEN. — *Paris in Herrick Days*, petit in-4 .... 5 »

ANDRÉ DU FRESNOIS. — *Une année de critique*, in-18 .... 3 50

CLAUDE FARRÈRE. — *Fin de Turquie*, petit in-4 .... 10 »

VICTOR GOEDORP. — *La Guerre de Tranchées il y a soixante ans*, in-8 .... 2 »

SACHA GUITRY. — *Correspondance de P. Boulier-Davenel*, in-4 couronne avec 17 portraits-charges .... 5 »

THÉO HANNON. — *Au Clair de la Dune*, in-18 .... 3 50

La Toison de Phryné, avec eaux-fortes de Henri Thomas. 150 »

F. HELLENS. — *Les Hors-le-Vent*, in-18 .... 3 50

HERMANN-PAUL. — *Les Quatre Saisons de la Kultur*. Album de 4 planches et une couverture, taillées sur bois au canif et coloriées à la main, in-folio oblong .... 25 »

La dernière guerre. Préface de Anatole France, Album in-4 oblong 7 50

JEAN-JAM. — *Par Si, Par La*, Chansons montmartroises, in-8 illustré 3 50

LE PEUPLE QUI SOUFFRE

EN PRÉPARATION

(des mêmes auteurs)

L'Islam et la Civilisation

Un volume in-8.

La Guerre Européenne et les Peuples Musulmans

Un volume in-8.

Charles VOGEL et A. COUMRYANTZ

Le Peuple qui Souffre

L'ARMÉNIE

Ses Origines, son Passé, son Avenir ?

PRÉFACE

PAR

JEAN JULLIEN

Délégué de la Société des Gens de Lettres

A Monsieur Woodrow Wilson,
Président de la République
des Etats-Unis d'Amérique,
nous dédions ce livre.
En témoignage de profonde
gratitude du Peuple Arménien.

Ch. VOGEL.
A. COUMRYANTZ.

TABLE DES MATIÈRES

PRÉFACE

En ces heures de guerre, où tant de peuples martyrs agonisent sous l'étreinte de la force, il en est un entre tous, qui, opprimé depuis des siècles, subit le plus atroce des supplices: l'Arménie. On a pu dire avec raison que l'Arménie, autrefois paradis terrestre, était devenue l'enfer terrestre. Entourée de voisins puissants, qui de tous temps se partagèrent cette Pologne d'Asie, après avoir passé sous la domination de maîtres plus ou moins durs, elle tomba sous le joug des Turcs. L'ère des massacres commença. La religion servit d'abord de prétexte pour décimer le peuple arménien. Plus tard, lorsque l'Allemagne voulut s'ouvrir le chemin des Indes, elle jeta les yeux sur l'Arménie, et, pour y pénétrer, s'associa au Sultan Rouge. Les massacres recommencèrent de plus belle, et deux cent mille Allemands vinrent repeupler le pays. Puis, la guerre, la grande guerre éclata; ce fut alors l'extermination: hommes, femmes, enfants périrent en masse, en des tortures dont la cruauté dépasse tout ce que l'imagination peut concevoir. Près d'un million disparurent ainsi.

Le peuple arménien qui a conservé son caractère national et son énergie, ne veut pas mourir. S'il jette aujourd'hui un cri de détresse, ce n'est pas pour implorer la pitié, mais pour demander justice. Il veut qu'au milieu des graves préoccupations européennes, les peuples de l'Entente ne l'oublient pas, qu'on sache ce qu'il est, ce qu'il fait, quelles furent ses souffrances, pour que, lorsque viendra l'heure du réglement des comptes, on lui accorde enfin l'autonomie à laquelle il a tant de droits.

Jean JULLIEN.

AVANT-PROPOS

Les Allemands ont été depuis 1866 les oppresseurs des petits peuples d'Occident.

Les Turcs ont terrorisé, écrasé les petits peuples d'Orient.

Les sujets de Guillaume, associés aux Ottomans ont massacré les Arméniens, victimes de ce que l'Europe compte de plus accompli — comme assassins!

Et pourtant, des effroyables épreuves subies par l'Arménie, il est en somme résulté — ô ironie du sort! une sorte d'avantage, une compensation, pour cette nation infortunée.

On l'ignorait presque, on la méconnaissait sûrement, on ne mesurait point l'étendue de ses malheurs et l'héroïsme de sa résistance...

Maintenant, on sait. De hautes personnalités sociales et politiques, des philosophes réputés, des savants notoires, des écrivains, historiens, poètes ont révélé le peuple martyr au monde étonné et ému de pitié.

Si nous venons, nous, après tant d'autres, illustres, c'est qu'il nous a paru utile de grouper en un petit ouvrage de vulgarisation, les choses essentielles concernant le peuple arménien, dont nous nous sommes appliqués à faire connaître les origines, dont nous avons exposé le développement intellectuel et moral empreint de libéralisme, de civilisation, de progrès et d'humanité, dont nous avons aussi décrit les affres douloureuses, mis en lumière le calvaire effroyable, retracé le long et lancinant martyr!

Nous avons également cru devoir appeler l'attention des Occidentaux sur l'effort énorme qu'ont fait les Arméniens dans la présente guerre, le concours qu'ils ont donné à l'œuvre de libération entreprise par les alliés, à la croisade pour la justice et le droit!

La confiance des Arméniens dans le succès définitif de la bonne cause est égale à leur dévouement à celle-ci: eux qui ont souffert plus que tous autres ils entrevoient avec tranquillité la guérison des victimes d'Europe: la Belgique, la Serbie, la Pologne cruellement blessées par le fer germano-turc.

⁂

Nous avons enfin dans notre ouvrage exposé le sort qui pourrait, qui devrait être fait à l'Arménie après la cessation des hostilités.

Le pays dépeuplé par les massacres est maintenant vide aussi des hordes de massacreurs qui furent exécutés à leur tour, il recevra ses fils égarés dans le monde qui, « un rameau de liberté à la main comme l'ont dit les poètes haïk, viendront retrouver le vieux royaume de paix et de bonté.

15 janvier 1917. Ch. V. et A. C.

I

Les Arméniens

Le pays qui s'étend entre la chaîne Pontique, les monts du Caucase, la Médie, l'Assyrie, est désigné par ses voisins sous le nom d'Arménie et ses habitants sous le nom d'Arméniens.

D'où viennent ces termes, Arménie et Arméniens ? mots qui n'existent pas dans la langue nationale.

Ses historiens ne les employèrent jamais comme désignation du pays et du peuple, mais en firent mention toutefois pour cette simple raison que c'est sous ces noms qu'ils étaient connus des populations environnantes.

Par qui et pourquoi furent-ils appelés ainsi ?

Dans la Bible, il est mention des Togarma et d'après les interprètes anciens, Togarma signifie Arménien.

Chez les Mèdes et les Perses, on trouve les mots Arménie et Arménien sous ces formes : Erimen, Armenik ou Armina, et plus tard chez les Grecs et les Romains sous celles-ci : Armeniacum et Armenecus.

La ténacité avec laquelle ce peuple refuse d'admettre les vocabules Arménie et Arménien dans la langue du pays, a sa signification.

Ceux qu'on appelle encore aujourd'hui Arméniens se nomment eux: Haïk et leur pays Haïastan.

Les Haïk ou « dits » Arméniens subirent la domination de diverses tribus, furent l'objet de la convoitise de plusieurs conquérants, et leurs mœurs, leur civilisation, leur caractère national, furent entamés à maintes reprises, soit par les vainqueurs, soit par des apôtres de religions nouvelles.

Le Christianisme détruisit ou dispersa les documents que les luttes avec les Achemenides, les Seleucides, les Persans, les Parthes et les dominations exercées par ces peuples, avaient pu laisser subsister dans les pays que les lieutenants de l'Islam ravagèrent à leur tour. De sorte que tout ce qui était de nature à contribuer à la connaissance du passé fut anéanti.

Néanmoins, les ruines des villes anciennes, des châteaux abattus, conservent des inscriptions afférentes à l'histoire du peuple Haïk.

Vers le ve ou VIIe siècle ou même plus tard (nous n'avons rien de précis sur l'époque), un prêtre arménien nommé Moïse de Khoren, s'appuyant sur d'antiques légendes et sur les textes d'un Assyrien nommé Mar-Abbas-Katina a essayé d'écrire l'histoire des Arméniens.

D'après Moïse de Khoren, le peuple Arménien descend d'une colonie babylonienne qui abandonna l'Assyrie pour échapper à la tyrannie de Bélus, et vint s'établir près du lac de Van, en prenant comme dénomination le nom de son chef : Haïk.

Aram, de la lignée de Haïk, fit des incursions chez les peuples voisins, pour qui les soldats et sujets d'Aram furent des Aramens ou Arméniens.

Toujours d'après Moïse de Khoren, il y eut une lignée de Patriarches et de Rois, descendants de Haïk, qui disparurent, laissant la place à un concurrent étranger, Parthe-Arsacide, et cette dynastie aurait régné sur l'Arménie 150 ans avant l'ère chrétienne, jusqu'à l'année 428 de celle-ci.

Mais les hypothèses de Moïse de Khoren furent reconnues inacceptables après de nouvelles études.

A. Carrière fut l'un des premiers à démontrer l'inexactitude des récits de Moïse de Khoren.

M. A. Meillet, le grand et justement réputé savant orientaliste, successeur de Carrière à la chaire de professeur d'arménien à l'Ecole des langues vivantes orientales, M. A. Meillet, dont les opinions en l'espèce font autorité, a déclaré sans valeur historique l'ouvrage de Moïse de Khoren et a exprimé le désir de voir l'histoire de l'Arménie s'établir sur de nouvelles bases. Le successeur de M. A. Meillet, M. Frédéric Mackler, autre érudit incontesté, est du même avis.

Depuis, les études sur les origines du peuple arménien ont pris un remarquable essor en France, en Angleterre, en Russie et ailleurs. Il en résulte que vers le VIe siècle avant notre ère, une colonie venant de Thessalie et issue de Phrygiens aurait passé en Asie Mineure avec son chef Haram ou Arma et que les Arméniens seraient les descendants de ces colons Thessaliens.

L'existence de cette colonie et l'influence dominatrice de ses chefs sur le pays d'Ararat paraît vraisemblable, mais le fait pour le peuple d'Ararat d'être connu par ses voisins sous le nom du chef de la colonie Thessalienne, ne suffit pas pour donner la certitude que ce peuple a été formé par la colonie que gouvernait Haram ou Arma.

Il convient donc de rechercher les origines du peuple qui avant l'invasion des Arméniens habitait la région d'Ararat ou Ourardou.

D'après de nouvelles recherches, Haïk aurait été un des dieux du pays d'Ararat et n'aurait rien à voir avec l'histoire et il faudrait chercher l'origine du mot *Haïk* chez les peuples Khaldi ou Kheti, Khati ou Kholda dont les Haïk seraient les descendants.

En somme, il apparaît que l'histoire de l'Haïastan ou Arménie se présente ainsi :

Epoque primitive et préhistorique.

Epoque des dominations akemenide, séleucide, persane, romaine, des luttes dans le but de la conservation de l'indépendance nationale, de l'influence du paganisme et du christianisme (Arma ou Arméniens 640-331 avant l'ère chrétienne. Domination des Séleucides 331-190 avant l'ère chrétienne. Les Artaxias 190 avant notre ère à 193 de l'ère chrétienne. Les Arsacides : 193 à 432 de notre ère).

Epoque de dominations romaine, persane, arabe et turque. Influence du christianisme et de l'islamisme. (Les Vosdigan et les Marzpan 458-885 de notre ère. Les Bagratides 840-1070 de notre ère. Les Roupenian et Lusignan 1076-1381. La domination ottomane 1512-1870.) Persécutions germano-turques. La révolution arménienne (1872-1914).

II

Epoque primitive et préhistorique

Rien de précis sur l'époque primitive.

Des inscriptions cunéiformes découvertes et considérées comme expliquées sont insuffisantes pour constituer l'histoire de cette période.

Pourtant, on doit à des légendes bibliques, à des inscriptions assyriennes, à l'étude des traditions et des mœurs du peuple Arménien la constatation qu'il sied de considérer cette époque primitive comme la plus intéressante et la plus brillante.

D'après la Bible, le plateau d'Ararat fut le berceau de l'humanité à la suite du déluge. N'y trouve-t-on pas que le « Paradis terrestre » était dans le pays Ararat ?

Pourquoi la Bible désigne-t-elle cette région, dont les beautés naturelles n'offrent rien d'extraordinaire, où l'hiver est long et très neigeux, où les tremblements de terre, les éruptions volcaniques sont d'une fâcheuse fréquence ?

Les inscriptions établissent que les Assyriens accordaient une grosse importance à la montagne « des Deux Têtes » (Ararat ou Ourardou) dont l'aspect servait de type, de modèle à leurs palais, à leurs temples.

Les Chaldéens levaient les yeux avec respect vers la montagne des Deux Têtes, et ils voyaient en elle « la mère de la patrie, le temple des dieux, le tombeau des hommes bons et grands ».

Les Arméniens jusqu'à ce jour estiment que le mont Ararat est le réceptacle des héros, des hommes forts et bons, d'où descendit le premier homme après le déluge.

L'idée du Paradis terrestre que le Brahmanisme a empruntée aux anciens Hindous, fut citée par l'auteur ou les auteurs de la Bible.

En se basant sur les légendes, sur les inscriptions récemment découvertes ou récemment expliquées, et sur le caractère national du peuple Haïk, ce peuple qui a subsisté au milieu de la disparition de tous ceux de la même époque, on doit admettre qu'en ce pays d'Ararat, dans des temps lointains, des colonies sont venues des Indes, apportant avec elles les règles et coutumes des Hindous de Véda, donnant aux hommes prospérité et égalité sociale.

De sorte que la tradition remplace le Paradis terrestre des Hindous par le pays Ararat.

Il semble pourtant que ce peuple primitif en prenant pour devise que « *la liberté consiste à assurer le pain quotidien du producteur et de sa famille par l'organisation sociale du pays et par le travail* », oubliait que, *par le voisinage des nations barbares, il pouvait perdre cette prospérité et que la servitude imposée par les conquérants du dehors serait de nature à corrompre et les hommes et les principes.*

Si l'on parcourt l'histoire des Arméniens, on voit que malgré la tyrannie exercée contre eux par les vainqueurs, les Haïk restent attachés à leur « Evangile » social, tout en s'efforçant de modifier favorablement les instincts sauvages de leurs envahisseurs.

Si le peuple subit, par force, l'invasion des Chaldéens, des Achemenides, des Harams ou

Armas, des Arsacides, des Mongols, des Arabes et l'influence tant du paganisme que du christianisme, que de l'islamisme, il ne s'applique pas moins, en dépit de l'esclavage qui l'écrase, à sauvegarder la liberté individuelle, la liberté du travail et l'assistance sociale.

A l'époque du paganisme, il persiste à conserver les maisons d'assistance pour les étrangers, les voyageurs, les besogneux, tout en donnant à ces maisons le nom de « Vanatour », l'un des dieux du paganisme.

Il a maintenu l'usage du repas familial et annuel sous le nom de *madagh* (1). Ce repas, que chaque famille donne une fois par an (au moins), consiste en un plat composé de viande, de blé et d'herbes des montagnes.

Les travailleurs des villes et des campagnes réunis hachent le tout et mélangent chair et végétaux, pour symboliser l'union dans le travail, des produits du sol et des bestiaux et caractériser l'entente entre les membres d'un peuple laborieux.

Ce plat est abondant ou pas, selon les moyens de ceux qui l'offrent. Les familles aisées don-

1. — Madagh signifie tendresse, amitié. Dans la langue arménienne moderne, ce mot a pris comme signification : sacrifice.

nent volontiers deux ou trois têtes de bétail, le pauvre s'en tient à un modeste agneau, et tout le monde assiste à ces fraternelles agapes.

Les Haïk essayèrent, malgré les invasions, les dominations étrangères, d'organiser le travail de manière que l'ouvrier, selon son métier, occupât une place soit dans une corporation, soit dans la société.

Ils considéraient le mariage comme le plus beau jour de la vie; dès sa consécration, l'époux prenait le nom de maître, de roi, et sa compagne, celui de maîtresse, et à cette occasion, les félicitations, les congratulations leur venaient de toutes parts, en raison de ce qu'une famille se trouvait ainsi fondée, qui pouvait, devait se multiplier et devenir la source des nations.

C'est après le mariage que l'homme occupait son rang dans la corporation, la société.

La mort aussi avait ses rites.

Sur les tombeaux, on gravait les instruments de labeur ou les symboles des professions des défunts : sur la tombe d'un maçon, l'équerre et le compas; sur celle d'un forgeron, le marteau et l'enclume; sur celle d'un écrivain, la plume et le livre.

Pour les femmes, on reproduisait les vêtements, les bijoux qui leur étaient familiers, l'ouvrage auquel elles s'adonnaient de préférence.

Le christianisme n'a rien changé à ces coutumes.

Le « Vanatour » a pris le nom de « Vanatoun » et l'on continue à héberger les étrangers, les voyageurs, les pauvres.

La hiérarchie du clergé chrétien est subordonnée à la volonté populaire qui impose ses élus et exige pour le choix l'*unanimité* des suffrages. De plus, la plainte motivée d'un seul homme suffit à provoquer, pour le prêtre mis en cause, une menace de suspension d'office.

Le *madagh* existe encore comme jadis.

Le christianisme tout entier proteste contre cet usage traditionnel, jugé pratique païenne, sans que le peuple se laisse entamer en rien par cette opposition.

A présent encore, les habitants de chaque quartier ou de chaque village, respectueux des coutumes antiques, se réunissent pour un repas annuel en commun : un déjeuner dans chaque famille.

Les invasions étrangères, les influences

païenne, chrétienne et musulmane, l'apathie de ce peuple devant le péril constant des voisinages barbares ont fait du Paradis terrestre d'hier l'Enfer terrestre d'aujourd'hui...

Pourtant le peuple Haïk se renferme dans la stricte observation de ses vieilles coutumes en espérant que viendra le jour où le monde habité par les hommes ne sera qu'un immense Paradis terrestre.

III

Epoque des dominations Achemenide, Seleucide, Persane et Romaine. Indépendance nationale

De quelle époque date l'invasion des peuplades sauvages et barbares dans le pays d'Ararat ?

D'abord, le canton de Van fut subjugué à des époques lointaines par des chefs Chaldéens, ensuite des peuples Caspiens, et du sud de la Mésopotamie envahirent le pays.

Une dynastie chaldéenne devint maîtresse du territoire en 850 avant l'ère chrétienne.

Les Chaldéens avaient appris la science des lettres, probablement de leurs prédécesseurs.

On perd toute trace de leur présence vers 640; ils avaient fait place à d'autres occupants.

Selon la tradition, les Arméniens sont venus de Thrace.

Strabon rapporte que le Thessalien Armenos ayant quitté Armenium, sa ville natale, pénétra dans le pays de Pont, à la suite de Jason. Les historiens Cyrille de Pharsale et Meduis de Larine sont d'avis que l'Arménie doit son nom à Armenos.

Les campagnes des Assyriens et des Romains, les attaques des Mèdes et des peuples caspiens avaient mis fin à la puissance des Chaldéens, quand une branche d'Arma avança dans l'Ararat et construisit une ville qui fut appelée *Armavir* ou Armaïra, du nom de son chef Arma ou Armenos.

Les Armas ne constituèrent pas tout de suite leur royaume. Ils furent d'abord englobés dans l'empire persan.

Après l'écrasement d'Achemenide par Alexandre le Grand, un royaume fut formé en Arménie, mais rien ne précise que ce royaume fut fondé par les descendants d'Arma.

D'après Moïse de Khoren, pour récompenser le peuple d'Ararat du concours qu'il avait prêté à la prise de Ninive, un prince du nom de Parouïr reçut la couronne d'Arménie, mais cette assertion n'est pas confirmée.

Durant des siècles, le peuple d'Ararat subit

le joug des Mèdes et des Perses et fut gouverné par des satrapes, sortes de vice-rois.

Les Romains, les Séleucides, les Parthes, jusqu'à 190 avant notre ère, se disputèrent l'Arménie.

C'est après la défaite d'Antiochus, à Magnésie, que les Arméniens reconquirent une demi-indépendance : Artaxias, avec l'agrément du Sénat romain, prend le titre de roi.

Le Sénat désigne également Zareh comme roi de Sophen, autre partie du territoire.

D'autres princes régnèrent dans d'autres provinces, soumis à l'autorité des Parthes et des Romains.

Tigrane fut le seul qui tenta de donner, par des conquêtes, de l'extension au pays.

Il anéantit le royaume de Sophen et soumit les autres princes (Ischkan), 98 ans avant notre ère. Il fit alliance avec Mithridate Eupator en épousant sa fille Cléopâtre. Il attaqua les Parthes et marcha sur Ninive. Les Parthes demandèrent la paix, abandonnant la Mésopotamie et la Migdonie.

L'Ibérie et l'Albanie (asiatique), l'Atropatène, l'Adiabène, devinrent tributaires.

Tigrane se tourna vers la Syrie, qu'il conquit. Des familles juives furent amenées pour peupler Artaxata, Zarehevan, Van, d'autres contrées encore. Mais son royaume ainsi agrandi ne fut pas de longue durée.

Rome s'émut de ces conquêtes.

Lucullus prit la direction d'une expédition contre Tigrane, qui sans se soucier de l'approche des légions romaines, continua de s'occuper à embellir le pays.

C'est seulement après la prise de plusieurs villes par Lucullus que Tigrane se prépara à lutter. Il y eut bataille désastreuse pour Tigrane, mais Lucullus, après deux ans d'efforts vains, en vue de s'emparer d'Artaxata, retourna en Europe découragé.

Le règne du brillant souverain arménien finit mal.

Ses fils, pressés de régner, excitèrent contre leur père le grand général Pompée, qui marcha contre Artaxata.

Le roi, vieux et déprimé, n'eut pas le courage de faire front à l'ennemi; avec sa famille, il alla au devant de Pompée et fit sa soumission.

Le général le laissa en paix, mais toutes les conquêtes de Tigrane furent réduites à néant.

Après sa mort, le pays d'Ararat servit de

champ de bataille aux luttes entre les Romains et les Parthes.

Les successeurs de Tigrane furent nommés et détrônés par les deux belligérants.

La dynastie des rois d'Artaxata disparaît en l'an 10 de notre ère.

Jusqu'en 193, les souverains choisis et dépossédés par les Parthes et les Romains appartenaient à ces deux nations ou bien étaient d'origine arménienne.

Artaban IV, roi des Parthes, de la dynastie des Pahlavides, profitant des troubles de l'empire romain, nomma roi d'Arménie son frère Valarse (196).

Celui-ci, qui régna sous le titre d'*Arsace* (d'où la dynastie des Arsacides), fut un monarque sage et avisé.

Ses liens étroits de parenté avec le souverain des Parthes l'exonéraient de toute inquisition de ce côté.

Afin d'assurer l'indépendance du pays qu'il gouvernait, il alla au-devant de l'empereur Sévère, en expédition contre les Parthes, porteur de nombreux présents. Cette attitude sauva alors le royaume.

Au cours de son règne, disent les historiens,

Valarse organisa l'agriculture, appliqua dans son pays l'année solaire des Perses et attribua aux princes descendants d'anciennes dynasties, pour les attacher à la royauté, des charges à la cour.

Mais plus tard, Valarse, attiré par Caracalla, fils et successeur de Sévère, fut traîtreusement empoisonné par le jeune empereur.

Le frère et successeur de Caracalla, Macré, mit Tiridate, fils du roi défunt, sur le trône d'Arménie.

A cette époque disparaît le royaume des Parthes, que les Sassanides remplacèrent.

Artaban V, roi sassanite, fit la guerre aux Romains.

Après des batailles gagnées par Tiridate et les légions, un changement de dynastie, à Rome, laissa l'Arménie livrée à ses propres forces. Tiridate dut se sauver et chercher un refuge en territoire romain. Les Sassanites prirent possession de l'Arménie que gouverna en leur nom le vice-roi Artavasde.

Nouveau changement à Rome.

L'Arménie revient au pouvoir des Romains qui nommèrent roi Chosrau. Les Sassanites assassinèrent traîtreusement Chosrau (265).

En 287, Rome asseoit sur le trône d'Arménie Tiridate III, fils de Chosrau, disent les historiens, qui avait été élevé en pays latin.

Narseh, souverain sassanite, marcha contre les Romains (294) et Tiridate, aidé par les légions que commandait le Dalmate Dioclétien, attaqua Narseh et le repoussa.

Le pays d'Ararat depuis les Armas jusqu'à Tiridate avait totalement changé d'aspect.

Les descendants des Armas, des Artaxias et ceux des rois nommés par les Parthes et les Romains avaient pris le titre de princes (ischkham, nakharar) et s'étaient partagé le pays en imposant au peuple de fortes charges, de lourds impôts.

Les colonies d'envahisseurs, les Persans, les Romains, avaient introduit dans le pays leurs dieux et leurs religions.

Sous le règne de Tiridate III, le christianisme fit son apparition.

Le secrétaire de Tiridate, Grégoire, d'origine parthe, romaine ou haï, on ne sait, ayant reçu une éducation latine, convertit d'abord son maître.

Tiridate, aidé et conseillé par Grégoire, persécuta le peuple, détruisit les temples, massacra les prêtres des anciens cultes, qui furent impitoyablement proscrits et s'appliqua à anéantir tout ce qui se rattachait aux antiques traditions nationales.

Il faut croire que le peuple ne se livra pas aisément au christianisme, puisque Tiridate fut assassiné et que Grégoire renonça prudemment à continuer l'œuvre du maître. Le fils de Grégoire, Aristacès, fut tué; le frère et successeur de ce dernier eut la chance d'échapper au même sort.

Tiridate mort, le pays fut le théâtre des combats entre les Romains et les Perses, comme il avait été jadis celui des combats entre les Romains et les Parthes, et cela dura ainsi jusqu'en 428.

Tirane, roi d'Arménie, fut aveuglé et emprisonné par le roi sassanite Sapor II ; le roi Arsas II, amené en Perse, fut jeté en prison, et les Romains, pour ne pas demeurer en reste, firent assassiner le roi Papa, soupçonné d'accointances avec les Perses.

Après cinquante années de guerre entre Romains et Perses, l'empereur Théodore et Sapor III se mirent d'accord pour se partager l'Arménie, en 384. Une grande partie devint vassale des Perses; l'autre partie (Carimilade, la Sophène et une portion de la Taronitide), fut dévolue aux Romains.

Chosrau, de famille Arsacide, fut appelé à gouverner le territoire persan; quatre ans après, détrôné, il fut conduit en Perse.

Son frère, Vram-Schapouh, le remplaça comme gouverneur (387) et plus tard on l'autorisa à prendre le titre de roi.

C'est sous le règne de Vram-Schapouh que fut créé, découvert ou plutôt *retrouvé* par Mesrop, fils de Vardan, l'alphabet arménien.

Quoique les récits des prêtres historiens arméniens présentent cette découverte comme un miracle, le fait n'a nul caractère miraculeux.

« A cette époque, disent ces historiens, le secrétaire de Vram-Schapouh, Mesrop ou Machtotz, fils de Vardan, voyant que les Arméniens ne possédaient pas un alphabet national voulut en créer *(cutte)* (1) un. Tous efforts, toutes tentatives dans ce sens, pendant huit ans, furent sans résultats. Alors Mesrop recou-

1. — Le mot arménien *outte* employé signifie trouver ou retrouver, mais pour être d'accord avec le récit des historiens il faut traduire par : *créer*.

rut à des prières et un matin, en se levant, remarqua que l'alphabet était gravé sur sa poitrine, miraculeusement. »

Ce récit n'a aucune valeur historique, *la création* de l'alphabet arménien n'est pas expliquée encore.

D'une façon générale, les Arménistes croient que Mesrop, en prenant l'alphabet grec, y ajouta d'autres caractères d'un autre alphabet et forma ainsi l'alphabet arménien.

A notre avis, l'alphabet arménien devait très certainement exister avant l'apparition du christianisme et avait été supprimé par Tiridate et Grégoire.

Les historiens arméniens ont dissimulé la vérité pour ne point charger la mémoire de Tiridate et surtout celle de Grégoire.

Nous croyons que, même si l'alphabet arménien a une lointaine ressemblance avec celui des Grecs, cet alphabet devait exister chez les Arméniens avant Vram-Schapouh (404), avant le christianisme, et il était impossible à Mesrop, fils de Vardan, de créer à cette époque un alphabet ayant la moindre ressemblance avec l'alphabet grec.

Pour plus ample explication, il faut reprendre les événements politiques d'un siècle auparavant.

Tiridate III et son secrétaire Grégoire, dès leur enfance élevés chez les Romains, à Rome, Constantinople et Césarée, étaient attachés aux mœurs, aux coutumes, à la langue, à l'écriture des Romains. Leur origine arménienne ou arsacide n'est soutenue que par des historiens chrétiens, sur la véracité desquels on doit avoir des doutes.

Après le christianisme, soit pour maintenir le respect de la nouvelle religion, soit pour rapprocher les Arméniens des Romains, soit pour une raison politique d'opportunité, soit pour supprimer tout ce qui était « d'autrefois », soit pour anéantir la moindre trace de l'ancienne religion, ils jugèrent à propos de condamner l'alphabet usité dans le pays.

A partir de cette époque tout fut écrit en grec ou en persan, selon la domination, et avec l'alphabet grec et persan, mais à l'époque de Théodore et de Sapor III (384), quand l'Arménie fut partagée en deux portions et qu'une grande partie du pays devint tributaire des Persans, les rois persans empêchèrent d'utiliser l'alphabet grec et les livres écrits en cette langue furent brûlés. Tous les historiens, sur ce fait, sont d'accord.

Le christianisme, menacé dans son existence, trouva son salut en adoptant l'alphabet arménien, supprimé juste un siècle plus tôt.

L'idée qu'un alphabet arménien aurait existé avant le christianisme fut souvent écartée, parce que l'on n'en trouvait aucune trace, mais alors comment expliquer que, malgré la littérature *florissante* à l'époque où l'on place sa « création » (404), on ne possède aucun manuscrit de cette époque, les plus anciens manuscrits que nous possédons ne datant que de la fin du IXe siècle ?

Comment expliquer les paroles de Vram-Schapouh adressées à Mesrop, que nous rapportent les historiens chrétiens, d'après lesquelles Vram-Schapouh conseillait à Mesrop de voir un nommé Daniel, qui possédait l'alphabet arménien ?

Et enfin parmi toutes les hypothèses qu'il serait trop long d'énumérer ici, il ne faut pas oublier que l'alphabet arménien, dès sa « création » ou nouvelle apparition, paraît remarquable. Les trente-six lettres (1) qui le composent sont capables de rendre la phonétique de toutes les langues.

Le caractère de l'alphabet arménien démontre bien qu'il n'est pas seulement l'œuvre d'une personne et d'un court laps de temps, mais le résultat de la pratique séculaire de plusieurs générations.

Non seulement l'adoption des lettres ressemblant à celles des Grecs était de nature à blesser les Persans à cette époque, mais même l'adoption d'un nouvel alphabet quelconque ne pouvait que leur déplaire.

Les Persans cherchaient à détacher les Arméniens des Romains et du Christianisme. Par contre, la reprise de l'ancien alphabet usité dans le pays avant le christianisme, pouvait faire espérer aux Persans que le peuple arménien s'éloignerait de Rome.

Autre fait : Sapor III avait détrôné Chosrau parce que celui-ci avait nommé patriarche Sahac, ecclésiastique suspect à cause de ses préférences pour l'Occident.

1. — Il est à remarquer que l'alphabet cunéiforme perse de Persepolis a également trente-six lettres, dont certaines ont plus de ressemblance avec l'alphabet arménien que l'alphabet grec.

Après la mort de Vram-Schapouh, ce même ecclésiastique suspect ne pouvait pas être *persona grata* à la cour persane, demander et obtenir la libération de Chosrau et son avènement sur le trône, s'il n'avait pas prouvé par des actes sa politique favorable aux Persans. Ce n'était pas certes un alphabet modelé sur l'alphabet grec qui pouvait donner une assurance de sympathie à ces derniers!

Il faut admettre que Sahac fut un grand diplomate de son époque; il essaya, en reprenant l'ancien alphabet arménien, de plaire aux Persans sans déplaire aux Grecs. Ceux-ci, voyant le nouvel alphabet et l'entreprise de la traduction des livres saints en langue arménienne, se fâchèrent, parce qu'ainsi l'Arménie devenait inaccessible aux ecclésiastiques d'origine grecque et romaine, au grand dommage de la politique du gouvernement.

Au début de l'adoption de l'alphabet arménien, les ecclésiastiques grecs créèrent des difficultés aux Arméniens et leur interdirent la traduction des livres saints.

Sahac alla lui-même à Constantinople et s'adressa au patriarche et à l'empereur; c'est avec beaucoup de difficultés qu'il put réussir dans son entreprise.

Pourtant il ne sut mener à bien jusqu'au bout sa politique.

Les Persans remarquèrent, quelques années après, que l'adoption de l' « ancien » alphabet n'avait nullement détourné les Arméniens de la religion chrétienne; ils s'irritèrent à leur tour et semèrent le feu et la terreur dans le pays.

Si l'adoption de l'alphabet n'avait pas servi à rapprocher les Arméniens des Persans et les avait même éloignés de Rome et de Constantinople, il a contribué, au moment où le royaume d'Arménie allait disparaître, à conserver, à affirmer même leur existence nationale, de sorte que la création, la découverte ou plutôt l'adoption de l'alphabet arménien, eut une grande portée et l'on peut dire que c'est grâce à cela que Sahac et Mesrop ont « créé » ou *recréé* le peuple arménien.

Romains et Persans, pendant quatre siècles, essayèrent d'anéantir le peuple haï et détruisirent, chaque fois que l'occasion se présenta, les manuscrits d'alphabet arménien et tous les livres grecs et persans intéressant la vie nationale arméniene.

C'est à partir de la conquête de l'Islam, et même deux siècles après, soit vers la fin du IXe siècle de notre ère, qu'il fut possible de conserver des manuscrits en alphabet arménien et cela on le doit, non pas à la tolérance de l'Islamisme, mais surtout à la faiblesse des Kalifes de Bagdad.

Puisque, selon nous, l'alphabet arménien n'a pas été créé à l'époque du roi Vram-Schapouh par Sahac et le secrétaire du roi, fils de Vardan, connu sous les prénoms ou surnoms de Machtotz, Mesrop ou Cutte, comment expliquer alors la ressemblance de quelques lettres de l'alphabet arménien avec celles des Grecs et comment préciser l'époque de leur création ?

Il nous semble que, comme l'histoire de l'époque primitive de l'Arménie, la langue arménienne et la composition ou la création de l'alphabet arménien restent ténébreuses et que de la connaissance de l'une dépend la notion des autres.

Nous croyons que, sur ce sujet, on ne peut rien affirmer, mais seulement faire des hypothèses, des suppositions, que les recherches des critiques de l'avenir viendront confirmer ou infirmer. A toutes les hypothèses formulées à ce jour, nous ajoutons la nôtre:

Nous avons dit qu'il faudrait attribuer l'origine du mot *haïk* aux peuples kheti, khati ou khalda, dont les *Haïk* seraient les descendants. D'autre part, les Arméniens seraient issus des Phrygiens venant de Thessalie avec leur chef Arma ou Arménos.

C'est de l'agglomération de ces deux grands peuples et de ceux, autochtones du plateau d'Ararat, qu'est né le peuple haï ou arménien.

Les Orientalistes se trouvent en plein désaccord sur l'origine de la langue arménienne : tandis que certains croient que cette langue appartient à la branche occidentale de la famille Aryenne; d'autres en cherchent l'origine dans la Zande, d'autres encore affirment que c'est l'idiome Traco-Phrygien qui formait une branche à part entre les branches orientale et occidentale de la famille Aryenne; d'autres croient voir une analogie entre l'arménien et l'ancienne langue étrusque; d'autres enfin la croient dérivée du pehlvi, etc...

Tous ces orientalistes, d'ailleurs notoires, ont raison dans leurs assertions. La langue arménienne comme le peuple arménien est faite de l'amalgame de deux ou même trois langues ayant subi l'influence d'autres langues. Cela s'explique d'ailleurs autrement : on trouve dans la langue arménienne très fréquemment des mots de même valeur et d'origine différente employés probablement côte à côte autrefois, pour être compris par des races différentes.

Puisque le peuple arménien et la langue arménienne sont originaux de la fusion de deux ou trois races, de deux ou trois langues, et que ces races avaient chacune un alphabet, (celui des Phrygiens ayant une certaine ressemblance avec celui des Grecs), on peut admettre que l'alphabet arménien est la résultante des alphabets de ces deux ou trois races qui, à l'époque de leur union choisirent et prirent les lettres pouvant rendre le phonétique de toutes ces langues.

Si l'alphabet arménien était formé sur l'alphabet grec à l'époque de Vram-Schapouh par Sahac et le fils de Vardan, qui y aurait ajouté quelques lettres d'autres origines, les élèves de Sahac et de Mesrop, lesquels ont écrit l'histoire de leurs maîtres, n'auraient pas songé à ériger ce fait en miracle. La ressemblance des deux alphabets étant frappante, leurs assertions apparaissent ridicules et absurdes même aux contemporains. Mais ici se présentent d'autres arguments : nous savons que les historiens religieux de toute époque, de toute religion, ont falsifié la date, l'époque, les faits et les traditions pour façonner l'histoire d'une façon avantageuse à leur propagande religieuse, à leur intérêt.

Le fils de Vardan, le secrétaire du roi que certains historiens nomment Machtotz et Cutte et d'autres Mesrop et Cutte selon les recherches actuelles, a laissé des ouvrages; dans ces ouvrages, il ne fait aucune allusion à la création de l'alphabet arménien par lui.

En somme, selon toute vraisemblance, on a essayé de donner le plus d'importance possible au christianisme, ainsi qu'à Sahac et Mesrop. Cette hypothèse prend corps quand on étudie les prénoms ou plutôt les surnoms du fils de Vardan. Les surnoms Cutte, Mesrop ou Machtotz ont leur signification.

Si l'on examine les mœurs orientales sans exception, celles des Assyriens, Persans, Hébreux et Arabes, on remarque que souvent le nom et le prénom disparaissent pour faire place au surnom.

Ainsi les historiens ont supprimé le prénom du fils de Vardan.

Cutte, qui signifie « trouver », est incontestablement le surnom du fils de Vardan, nom que ses contemporains lui donnèrent pour marquer l'acte qui lui était attribué. Reste à éclaircir les mots Mesrop et Machtotz.

Les Arménistes ne sont pas d'accord sur la traduction de ces mots; l'un traduit Machtotz par chauve, l'autre par grandeur; d'autres le font dériver du mot Mazd qui signifie « science, génie, dieu »; d'autres le font venir du mot « hacht », qui signifie, union, concorde, paix. Le mot Mesrop est traduit par certains: secrétaire, mais nous croyons utile d'ajouter qu'on pourrait donner à Mesrop l'étymologie de Serop qui signifie ange de concorde et d'union.

Les mots Machtotz et Mesrop sont des noms existant bien avant l'époque de Vram-Schapouh, de Sahac et du fils de Vardan. Ces noms probablement ont servi de titres à ceux qui ont collaboré à l'union des races, des langues et de l'alphabet des peuples d'où descendent les Arméniens.

IV

Epoque de Dominations Romaine, Persane, Arabe et Turque

De 432 à 660, le pays d'Ararat fut tantôt partagé entre Romains et Perses, tantôt dominé par l'une ou l'autre de ces deux puissances; les Arméniens eurent à lutter, au point de vue religieux, contre les Persans qui leur imposaient la doctrine de Zoroastre et contre les Grecs qui leur imposaient leur Eglise.

Cette époque fut désastreuse pour les Arméniens, car Persans ou Grecs anéantirent tous les souvenirs historiques du pays.

Vers 640, l'islamisme surgit en Arménie.

La dynastie sassanite, en lutte depuis des siècles contre les Romains et les Mongols, était considérablement affaiblie; les Arabes lui portèrent le dernier coup et la Perse tomba entre les mains des Musulmans. De même que la Perse, le pays d'Ararat fut soumis en grande partie par les Arabes. Mais dès que l'armée musulmane eut conquis l'Arménie, cette armée se retira par suite de dissentiments intérieurs, relativement au choix du Khalife.

Profitant de la circonstance, l'empereur byzantin envoya une armée dans le pays d'Ararat, pour forcer les habitants à accepter les décisions du Concile de Chalcédoine et à s'unir à l'Eglise orthodoxe, mais les troupes musulmanes revinrent en Arménie et celles de Byzance durent se retirer (658).

La lutte entre les Arabes et les Romains amena de nouveau la dévastation du pays qui, en fin de compte, tomba au pouvoir des Khalifes et fut dirigé par un Vosdigans (gouverneur).

Mervan, khalife de Bagdad, en guerre avec Michel III, ménagea les Haïk.

Son successeur, Motavakel, suivit la politique du prédécesseur et nomma ousdigans de la province de Chirak un prince arménien, Achot-Bagratide.

D'autres provinces eurent pour gouverneurs des princes arméniens.

Achot-Bagratide fut même autorisé à prendre le titre de roi ou de prince des princes.

Les autres gouverneurs arméniens se firent nommer rois et créèrent des pouvoirs héréditaires.

Tous ces roitelets n'étaient pas de taille à régénérer le pays, ils devaient successivement disparaître.

La politique de Constantinople à l'égard des Arméniens se modifia à la même époque. Basile Ier, empereur, reconnut Achot comme roi d'Arménie et lui envoya des présents.

Sous le règne de Sembat, fils d'Achot, les relations entre l'Arménie et Byzance devinrent intimes.

Bagdad en conçut de l'humeur; Avschine, général musulman, avec une armée, ravagea l'Arménie et prit comme otage le fils de Sembat.

Mesures insuffisantes, aux yeux des Khalifes; Ioussouf remplaça Avschine, fit prisonnier Sembat, le couvrit de chaînes et l'exécuta.

Le successeur de Sembat, terrorisé à son tour par l'armée de Ioussouf, dut se sauver dans une île du lac de Sévane.

Les Arméniens de Sophène et les Taronitides, depuis des siècles sous la domination romaine, avaient réussi à conquérir de hautes dignités et même à s'élever jusqu'au trône.

A l'époque d'Achot III (952-977), Zimiscès, alors empereur romain, était un Arménien. Zimiscès, en lutte avec les Musulmans, traita Achot en ami, lui écrivit d'affectueuses lettres, lui promit son appui.

Mais un changement de règne se produisit et la politique de Byzance prit une autre tournure.

Les petits rois arméniens furent *invités* à léguer par testament leurs provinces à l'empereur de Byzance. Plusieurs d'entre eux, parmi lesquels Achot III, déférèrent à ce désir.

Après la mort d'Achot, Constantin Monomaque, empereur de Byzance, envoya une armée prendre possession de la province des Bagratides, mais le gouverneur de la place repoussa cette armée et fit nommer roi Gaghik III, neveu de Sembat.

Ne pouvant arriver à ses fins par la force, Monomaque changea de tactique et recourut à la ruse.

Il invita le nouveau roi à venir à Constantinople.

Gaghik, rassuré par le clergé arménien qui se

portait garant de la bonne foi de l'empereur, se rendit à cette invitation. Monomaque l'envoya en exil et Gaghik fut étranglé et *empaillé*.

En dépit de ces perfidies, l'empire de Byzance ne put conquérir le pays d'Ararat.

Après les Parthes, les Sassanites et les Arabes, ce fut le tour des Turcs de disputer à Byzance toute l'Asie Mineure.

Les Turcs, fraction de la nation des Ouzes (Ghozz), après avoir franchi l'Iaxarte et l'Amou-Daria ou Oxus, et devenus Musulmans, formèrent la garde des Khalifes de Bagdad.

Quand le Khalifat de Bagdad fut en décadence, les chefs turcs fondèrent des dynasties indépendantes en Perse, en Egypte et en Asie Mineure.

C'est cette tribu turque qui presque à la même époque créa, sous le nom de Seldjoukides, trois royaumes : celui de Perse (1060-1194), celui de Kirmane (1041-1198), celui d'Iconium (1087-1309).

Pendant toute la période des Seldjoukides, le pays d'Ararat fut un vaste champ de bataille.

A plusieurs reprises, le peuple tenta de se

défendre, mais il ne put rien, écrasé par des forces supérieures.

Rouben, un des princes arméniens des Bagratides, après la chute du royaume, s'avança jusqu'au Taurus et fonda le royaume Roubénian de Cilicie.

Cette dynastie, en lutte avec les Grecs, les Turcs et les Egyptiens, résista jusqu'en 1381.

Les descendants de Rouben vinrent en aide aux croisés et la dynastie s'allia avec la famille de Lusignan, un des princes de Lusignan ayant épousé la dernière princesse Roubénian.

Le dernier roi des « Roubénian-Lusignan » mourut à Paris, le 29 novembre 1393.

Des siècles durant, jusqu'à l'apparition des Ottomans, Seldjoukides, Romains, Egyptiens ravagèrent l'Arménie et ces peuples puissants ne dédaignèrent pas de s'unir pour anéantir le peuple arménien.

Ainsi l'empereur byzantin Manuel, en l'an 1152, s'entendant avec le sultan Zangui (Nour-ed-Din), lui écrivait :

« Apaise la colère qui m'anime contre les Arméniens, en renversant leurs forteresses, en brûlant leurs églises, en ordonnant que tout leur pays devienne la proie des flammes.

« De cette manière, l'irritation de mon cœur se calmera. »

Malgré les Romains, les Parthes, les Egyptiens, les Sassanites, les Seldjoukides, etc..., le peuple d'Ourardou survécut à ses envahisseurs, résista et assura son existence.

Les chroniqueurs arméniens Mathieu d'Edesse, Eretz, Guiragos, Vardan, Léonce le diacre, Asoghik, Lasdivertzi, ont décrit toutes les souffrances que le peuple arménien a subies pendant ces siècles de domination romaine, persane, arabe et turque.

En effet, l'Arménie pendant ces siècles piétinée par les armées de Thogrul bey, Alp Arsan, Nour-Eddin, Kilidj, Afchin, Yakoub, Melik-Schah, Emer-Mamlan, Zimiscès, Basil, Michel le Paphla-Gonien, Constantin Monomaque, Constantin Ducas, Tamerlan, devint un véritable champ de ruine.

Le pays, privé de ses maîtres et partagé entre différents conquérants, les nobles et une grande partie du peuple émigrèrent en Moldavie, en Transylvanie, en Pologne, en Galicie, en Bithynie.

Les Kurdes beys, les Emirs descendants des

tribus seldjoukides, enfin leurs successeurs, les Ottomans, à leur tour dévastèrent le pays.

Sous le règne de Sélim Ier (1516), l'Arménie tombe entièrement sous le joug des Ottomans.

Les Ottomans qui, dès le début de leur apparition, créèrent l'armée des janissaires, troupe composée d'enfants chrétiens d'ennemis ou soumis, les Ottomans qui vivaient en écrasant l'ennemi en temps de guerre et en persécutant les peuples tombés sous leur joug en temps de paix, mirent le peuple arménien dans un état complet d'esclavage.

Si le peuple arménien n'a pas disparu complètement, c'est parce que, d'abord, ayant une civilisation ancienne et des mœurs supérieures en opposition à la bassesse, à la turpitude des mœurs de ses vainqueurs, il préféra tout subir plutôt que de renoncer à ses principes au profit d'une religion de piraterie et de doctrines purement barbares. D'autre part, les Arméniens, élément chrétien le plus entouré des mahométans, depuis longtemps avaient tourné leurs regards vers l'Occident, malgré les exigences, les perfidies des empereurs de Rome et de Constantinople qui avaient employé tous les moyens pour les anéantir; les Croisades, l'apparition des Francs, l'alliance de famille royale arménienne Roubénian avec la famille française de Lusignan, la mort à Paris du dernier roi arménien Léon V, firent que de nouveau, le peuple haï ou arménien chercha à se rapprocher du christianisme, de l'Europe et particulièrement de la France, d'où il attendait sa libération.

Dès les premières années de querelles entre Russes et Ottomans, les Arméniens accueillirent avec une grande satisfaction le nouveau, et une délégation ayant à sa tête Israël Ori se présenta à Pierre le Grand pour attirer son attention sur l'Arménie Orientale.

C'est depuis cette époque que l'empire des Tsars se déclara officiellement protecteur des races chrétiennes soumises aux Ottomans. La libération des Monténégrins, des Grecs, des Roumains et des Serbes encourageait les Arméniens dans leurs espérances.

Les Arméniens, quoique chrétiens, ont une Eglise à part, différente du catholicisme et de l'orthodoxie. En effet, les Arméniens, tout en participant aux décisions des conciles de Nicée, de Constantinople, d'Ephèse depuis 368, avaient refusé d'accepter la hiérarchie de l'Eglise; ils avaient nommé un chef religieux sans se soumettre au patriarcat d'Antioche et avaient refusé de reconnaître la suprématie de Constantinople et de Rome. D'autre part, considérant que la question dogmatique avait été réglée aux trois premiers conciles œcuméniques, celui de Chalcédoine ayant été surtout consacré aux revendications afférentes à la suprématie du pape et du patriarche de Constantinople, l'Eglise arménienne réunit, en 507, à Dvine, un concile œcuménique auquel furent invités à prendre part les Ibériens et les Alaniens; ce concile infirma les décisions du concile de Chalcédoine.

Cette particularité avait séparé l'Eglise arménienne de l'Eglise orthodoxe. L'Eglise arménienne se fit appeler *Eglise apostolique lumineuse,* du surnom de son fondateur, Grégoire le Lumineux.

Les gouvernements catholiques et orthodoxes de l'Europe, et surtout le clergé, reprochaient aux Arméniens leur schisme. Les Russes essayèrent de les ramener à l'Eglise orthodoxe et le clergé catholique, sous l'influence et la protection des gouvernements catholiques, essaya de les convertir au catholicisme en leur promettant la libération.

Le protestantisme, dès son apparition, trouva un champ de propagande en Arménie au moyen de la même promesse. Dès l'apparition des Croisades, le catholicisme s'était fait des partisans en Arménie. Vers la fin du XVIIe siècle, l'ecclésiastique arménien Mekhitar, avec l'appui de Rome, créa un ordre arménien catholique à Venise. L'œuvre accomplie par les Mekhitaristes (ordre fondé par Mekhitar) est considérable. Ils transportèrent une partie des richesses nationales manuscrites, débris de toutes sortes d'antiquité dans leur couvent et c'est grâce à eux que l'art, la littérature et l'histoire de l'Arménie furent connus en Europe dès le début du XVIIIe siècle. Ils participèrent à l'éducation du peuple arménien, en traduisant les grands auteurs anciens et modernes, romains, grecs, français, anglais; ils collaborent à la création d'une nouvelle littérature, mais il est injuste, comme certains le font, de réserver uniquement aux Mekhitaristes la résurrection intellectuelle des Arméniens.

Les Arméniens, en effet, de l'Eglise apostolique lumineuse, de leur côté, ne restèrent pas indifférents à ces progrès. Un siècle après la découverte de l'imprimerie, des ecclésiastiques, des laïcs de l'Eglise apostolique lumineuse arménienne fondèrent des imprimeries d'abord à Amsterdam et à Venise et plus tard dans certaines villes d'arménie.

Vers le xve siècle, le centre intellectuel arménien était transformé à Bitlis, dans le couvent d'Aml Vordi. Pour être juste, il faut reconnaître qu'avec les efforts des Arméniens, la propagande catholique, protestante et l'influence de la littérature russe, qui fut transmise aux Arméniens par des écrivains arméniens élevés dans les écoles russes, furent d'une grande utilité pour le développement intellectuel du peuple.

Au moment où éclata la guerre entre la France et la Prusse (1870), les Arméniens, grâce à la sympathie que leur témoignaient la France, la Russie et l'Angleterre, entrevoyaient leur délivrance comme prochaine. La victoire de la Prusse modifia la physionomie de l'Europe. Au lieu de la nouvelle ère espérée de délivrance, recommença l'ère des persécutions.

V

Persécutions Germano-Turques.
La Révolution arménienne

Les Turcs Ottomans, d'origine mongole, successeurs des Seldjoukides, adoptèrent comme religion l'islamisme, religion qui déclarait la guerre à outrance à tout ce qui n'était pas musulman, pensant ainsi conquérir le monde par la force brutale.

Cette religion, en dehors des facilités qu'elle donnait à ses adeptes de se livrer aux pires excès, ne leur offrait aucune chance de s'améliorer, de s'émanciper, de suivre la voie du progrès.

Au contraire, en incitant ses adeptes à la seule propagande brutale, exclusive de toute autre préoccupation, elle les éloignait de tout bon labeur, de tout effort productif, de toute tentative de civilisation.

C'est pour cela que la force ottomane diminua au fur et à mesure que se propageaient partout les idées d'humanité et de justice et que sa puissance dominatrice s'affaiblit, s'amoindrit d'autant plus que l'esprit de civilisation grandissait.

C'est ainsi que l'empire ottoman perdit ou dut abandonner ses conquêtes en Afrique, en Europe et en Asie et de 180 millions d'habitants qu'il comptait il y a un siècle et demi, retomba à 25 millions, sur lesquels à peine 9 millions d'Ottomans, 8 millions d'autres races musulmanes et le reste formé de peuples soumis.

A notre avis l'empire ottoman, héritier des Seldjoukides, mais en même temps héritier légataire des tares des Mongols et de tous les vices de l'islamisme, aurait déjà disparu s'il n'avait pas profité dans une large mesure des éléments que ses conquêtes mettaient à sa disposition.

Ces éléments, qui lui furent fournis par les Grecs, les Valaques, les Serbes, les Macédoniens en Europe, les Arméniens, les Assyriens, les Israélites en Asie, apportèrent un appoint considérable de civilisation à l'empire et prolongèrent sa vie.

En étudiant l'histoire, celle du palais, celle du harem, celle des sultans régnants et des sultans déchus, celle des sultanes validés, des vizirs, de l'armée, nous constatons dès le début des Ottomans, les multiples avantages dont bénéficia la dynastie de nomades et de pasteurs d'Othman.

Dans ce milieu d'Ottomans, où ne régnaient que la volupté, les vices contre nature, les guerres continuelles, les exécutions de sultans, de vizirs, de généraux, insuffisamment ou trop populaires, supprimés parce qu'ils avaient été vaincus ou parce qu'ils avaient été vainqueurs; dans ce milieu de corruption et de férocité, certainement la possibilité de gouverner, fut-ce par la force brutale, devait être anéantie, si la vitalité du foyer n'avait pas été alimentée, renouvelée par des éléments nouveaux, et si les conquêtes successives, l'enlèvement et l'implantation de milliers d'esclaves n'avaient infusé aux Turcs un sang plus pur, moins vicié.

Les janissaires — milice constituée dès le début par les enfants des chrétiens — n'aidèrent-ils pas considérablement à l'influence et au développement de l'empire ? Et presque tous les vizirs et hommes d'Etat n'étaient-ils pas choisis parmi les janissaires, les eunuques et les pages du harem ou du palais, c'est-à-dire parmi les enfants des peuples soumis, emmenés en esclavage (1).

Ce n'est pas tout, si Napoléon Ier avait pris une décision ferme, si la France, l'Angleterre et l'Italie ne l'avaient pas soutenu en 1853

1. — A l'époque d'Amourat III, Sokolli, le grand vizir, était Bosniaque ; Piali pacha, le vizir de la Coupole, était Hongrois; Ahmed-Pacha, le deuxième vizir, était Syrien; Mohammed-pacha, troisième vizir, était Autrichien; Sikali-pacha était Génois; Ochiali-pacha, commandant des vaisseaux, était Calabrais, et Welgev-pacha, chef des eunuques, était Transylvanien. La religion seule était un lien commun entre tous ces hommes de patries diverses (ou sans patrie) *Histoire de la Turquie*, 22e livre, p. 110, Lamartine.

Cette situation que remarque Lamartine n'est pas changée. En juin 1910, le ministre de la guerre, Mahmoud-Chevket-pacha, était Arabe ; Izzet-pacha, chef d'état-major, était Albanais; Iaver-pacha, commandant du 1er corps d'armée, était Circassien; Abdullah-pacha, commandant du 2e corps d'armée, était Géorgien; Hady-pacha, commandant du 3e corps d'armée, était Arabe; Zeky-pacha, commandant du 4e corps d'armée, était Albanais; Osman-pacha, commandant du 5e corps d'armée, était Tartare; Nazim-pacha, commandant du 6e corps d'armée, était Circassien; Mehmet-Ali-pacha, commandant du 7e corps d'armée, était Bosniaque.

(guerre de Crimée), si l'Angleterre ne l'avait pas protégé en 1877, l'écroulement de l'empire ottoman serait déjà un fait accompli.

La Russie, devant les exigences de l'Angleterre, consentit à soumettre le traité de San-Stefano à un congrès européen et sur l'invitation de Bismarck et de Schouvaloff le congrès eut lieu à Berlin; le gouvernement de Berlin fut le seul qui ne tira aucun avantage de cette occasion. C'est surtout après l'avènement au trône de Guillaume II, que le gouvernement allemand change sa politique à l'égard de l'empire ottoman et la question d'Orient.

Guillaume II se rend à Constantinople à différentes reprises. Une mission militaire allemande va en Turquie pour réorganiser l'armée ottomane. Il faut croire que le gouvernement d'Abdul-Hamid trouva utile à la cause ottomane l'appui de Berlin. Il était facile aux Allemands de se présenter en amis à Constantinople. Ayant une existence récente, ils n'avaient eu nulle occasion de querelles avec les Ottomans.

Vraisemblablement cet appui amical de l'Allemagne n'a pas été jugé favorable aux intérêts ottomans par tous les dirigeants de l'époque, puisque pendant les dernières trente années qui s'écoulèrent, il y eut des gouvernements ottomans qui essayèrent de se détacher de Berlin et de s'approcher au groupe franco-russo-anglais.

Cependant le gouvernement de Berlin et l'empereur Guillaume II préparaient ce pays à leurs grands projets d'avenir.

Si les massacres d'Arménie furent ordonnés par Abdul-Hamid et exécutés par les gouverneurs turcs, il n'en est pas moins vrai que l'idée initiale et les instructions venaient de Berlin. Au point de vue germanique, il était nécessaire de détruire cet élément russophile et francophile qui paraissait une menace pour la politique allemande.

La France, l'Angleterre et la Russie, étant donné le caractère international que prenait cette question, intimidées par l'Allemagne, se contentaient de vaines protestations dénuées d'action. Si bien que le gouvernement allemand installa en Turquie et à la place des Arméniens massacrés ou émigrés, une colonie germanique; rien que dans le vilayet d'Adana, après les massacres des Arméniens de cette contrée, 220.000 Allemands s'installèrent qui pouvaient fournir 80.000 hommes de troupes au premier signal d'alarme!

Aussitôt réglée la question des grands massacres arméniens, Guillaume II se rendit à Constantinople et à Damas et de la mosquée de cette ville, se déclara frère du Grand Assassin, ami et protecteur de l'empire ottoman; cette façon d'agir devait intimider les autres puissances au cas où ces dernières auraient soutenu les Arméniens.

Les Arméniens prirent cette déclaration de Guillaume II comme l'équivalent des paroles de l'empereur Manuel adressées au sultan Zangui (1) (dit Nour-Eddin).

Ainsi c'est avec l'appui, l'aide et les « excellents » conseils de Berlin que le digne héritier et le brillant émule des Erthogroul, des Gengis-Khan, des Timour-Ling, des Monomaque, le Grand Assassin, le Sultan Rouge, nous avons nommé S. M. le sultan Abdul-Hamid, tenta de supprimer purement et simplement le peuple haïk.

De même que ses prédécesseurs, il échoua dans cette criminelle tentative.

1. — Voir page 54.

Les Arméniens qui avaient tant souffert supportèrent encore cette dernière épreuve : 300.000 victimes de plus, 300.000 hommes, femmes, enfants, vieillards mis à mort par les bourreaux du « Commandeur des Croyants ».

Ils la supportèrent, eurent la force, le courage d'y résister et même puisèrent en quelque sorte, dans le sang des leurs, une énergie régénératrice.

Les traductions des ouvrages des grands écrivains et penseurs français et russes avaient depuis longtemps déjà pénétré chez les Haïk, développé leur intellectualité, élargi leur esprit, instinctivement ouvert aux idées de progrès et de civilisation.

Un Arménien, Mekerdich Portukalian, après avoir parcouru le pays, y fonda, avec l'appui des sociétés arméniennes, des écoles professionnelles et d'instruction générale; puis il s'installa en France et créa le premier groupement révolutionnaire de défense contre les Kurdes, les Circassiens, et de protestation contre le gâchis lamentable du gouvernement ottoman.

Cette société prit le titre *d'Armenakan.*

Un autre Arménien, Nazar-Beguian, subissant l'inspiration des Bakounine, des Kropotkine, des Karl Marx et espérant trouver le salut du peuple haïk dans la doctrine socialiste, fonda la société révolutionnaire et socialiste : *Hentchakist.*

D'autres encore, Kristapor Mikaelian, Zavarian, Aknouni, prirent l'initiative d'une fédération révolutionnaire arménienne : *Dachnaktzoutium*, basée sur un programme plus raisonnable, plus réalisable, moins utopiste.

Ces groupemnts défendirent avec ardeur le peuple d'Arménie contre le régime hamidien.

Si les massacres du Sultan Rouge avaient anéanti une génération, la pitié généreuse, l'esprit de solidarité des grands peuples français, anglais, russe, américain, créèrent des sociétés ayant pour objet de venir en aide aux orphelins arméniens, de les protéger, de les instruire.

D'un autre côté, les Arméniens résidant en Europe, en Egypte et Amérique, sur l'initiative de S. E. Boghos pacha Nubar, créèrent la société : *Union générale Arménienne de Bienfaisance* (1906), société d'une grande utilité, dont le but est de concourir au développement intellectuel et moral des populations arméniennes d'Asie, de leur venir en aide pour améliorer leur situation matérielle et économique, d'encourager toute œuvre ou publication propres à amener ce résultat.

L'Union générale Arménienne de Bienfaisance doit :

« Fonder ou subventionner des écoles, bibliothèques, salles de lectures, ateliers-écoles, hôpitaux, dispensaires, orphelinats et tous autres établissements analogues;

« Aider ou secourir tous Arméniens indistinctement, venir en aide aux paysans arméniens de l'Asie Mineure en leur fournissant des semences, des bestiaux, des terres à cultiver;

« Propager dans les villages les connaissances pratiques modernes sur la culture; contribuer au développement des industries locales; créer de nouveaux moyens de travail et de production adaptés aux conditions du pays;

« Venir en aide aux habitants des localités ravagées par la famine, l'incendie ou tout autre sinistre ou fléau, ou par une épidémie. »

De tous ces efforts il résulta un relèvement moral du peuple.

Hier encore, dans les plus humbles villages du pays, on trouvait des paysans de la nouvelle génération, capables de lire et d'écrire plusieurs langues européennes.

Il a plu à Berlin de transformer le gouvernement d'Abdul-Hamid. Si pour la première période de leur entrée en Turquie les Allemands purent utiliser à leur profit le despotisme d'Abdul-Hamid, une vingtaine d'années après ils jugèrent nécessaire de procéder à un changement radical, en éloignant les hommes suspects et hostiles à leur politique. Abdul-Hamid lui-même, le grand despote qui ne se courbait pas facilement devant les exigences de la « kulture » à l'allemande, fut détrôné.

Berlin déjà depuis longtemps préparait quelques Ottomans aux beautés de cette civilisation spéciale.

Un coup d'Etat (1909) fit passer le pouvoir entièrement aux mains des germanophiles qui se présentaient comme des « Jeunes Turcs ».

Ce coup d'Etat, habilement ménagé, fut accepté avec un certain enthousiasme, au début. Mais il ne changea rien aux affaires du pays.

Un parti dominant fut remplacé par un autre parti dominant sans que les conditions essentielles du fonctionnement de la machine fussent modifiées. Le peuple, misérable et trompé par les promesses des nouveaux arrivants, avait donné son appui comme dans d'autres circonstances analogues. Une fois de plus il venait d'être dupé.

La chute d'Abdul-Hamid, l'aurore du régime des « Jeunes-Turcs » firent entrevoir aux Arméniens un changement rationnel dans les affaires de l'empire ottoman.

La Fédération révolutionnaire arménienne s'allia avec la société « Union et Progrès » pour contribuer à infuser à l'empire un peu de « santé morale », sans apporter à cette tâche ni arrière-pensée égoïste, ni rancune.

Non point que la Fédération arménienne eût une absolue confiance dans le parti « Jeune-Turc », mais les membres de cette Fédération éprouvaient pour le peuple turc une vive et cordiale sympathie.

Voici ce que nous a dit M. Aknouni, l'un des plus influents d'entre eux, à Constantinople, en 1909 :

« Si nous voulons aider les Jeunes-Turcs ce n'est pas parce que nous croyons aveuglément en eux, mais parce qu'en dépit du passé douloureux, nous plaignons le peuple turc qui a été surtout victime de ses maîtres et aussi de son ignorance et de son fanatisme. »

Malgré la bonne volonté des groupements fédéraux et de tout le peuple haïk, le nouveau régime n'a pas réalisé les espérances... vagues qu'il avait fait concevoir.

Il a suivi une politique néfaste en cherchant le salut de l'empire dans le panislamisme et dans *l'absorption* des races soumises.

Après la guerre des Balkans, après les désordres intérieurs et les assassinats politiques, les Haïk, désespérant du régime « Jeune-Turc », nommèrent une délégation ayant mission d'exposer leurs justes doléances devant les cercles gouvernementaux européens (1913).

Avec un rare esprit d'opportunité, la présidence de cette délégation fut attribuée à un homme éminent, jouissant de la considération, de la sympathie, du respect universels parmi les Arméniens: Boghos Pacha Nubar.

Boghos Pacha Nubar, qui met au service du patriotisme le plus ardent, l'intelligence la plus vive, la plus avertie, est le fils de Nubar Pacha Nubar qui a contribué à l'organisation et au développement de la civilisation en Egypte.

Ami loyal du peuple turc, Boghos Pacha

Nubar démontra dans des conférences que le peuple haïk ne réclamait nullement l'indépendance et ne souhaitait en rien provoquer de nouveaux démembrements de l'empire, mais qu'il demandait simplement à exercer librement, à l'abri de pénibles inquiétudes, ses droits et ses devoirs civiques.

Il démontra également que, dans l'état actuel de l'empire, la décentralisation des pouvoirs, la nomination des gouverneurs et l'établissement d'un contrôle européen devaient être les bases de réorganisation du pays ottoman.

Ajoutons que dans ses conférences en faveur de l'Arménie, le très distingué et éloquent Boghos Pacha Nubar a été secondé par de hautes personnalités littéraires et politiques appartenant à tous les partis et réunies en un élan de pure humanité.

Citons les noms de MM. Anatole France, Francis de Pressensé, profondément regretté, Denis Cochin, le général de Lacroix, Victor Bérard, qui succéda au pauvre Pierre Quillard, si prématurément emporté, dans la direction de *Pro Armenia*, ainsi que ceux des brillants publicistes arméniens, MM. Varandian, Tchobanian et d'autres.

VI

La Guerre européenne et les Arméniens

Après tant d'années de martyre du peuple arménien, on est tenté de croire que ce peuple anéanti, agonisant, ne devait avoir ni de forces pour se défendre ni de souffle pour protester ; mais pourtant, dès le commencement de la grande guerre européenne, où les Arméniens voient aux prises leurs derniers persécuteurs germano-turcs avec les peuples russe, français et anglais, qu'ils considéraient comme leurs amis et instructeurs; sans hésitation, sans crainte, avec une énergie et une activité remarquables, se relèvent pour s'unir aux grandes nations et participer à la lutte menée pour le droit, pour la libération des peuples soumis et pour l'écrasement de la force brutale.

Avant de participer à la guerre, les Turcs, conseillés par les Allemands, dès le mois d'août 1914, sous couleur de réquisition, pénétraient dans les maisons arméniennes, dans les villes comme dans les villages, et enlevaient tout ce qu'ils trouvaient. Ainsi, les émissaires d'Enver pacha et de Guillaume II, avant l'entrée en guerre de la Turquie, accaparaient or, argent, vêtements, linge de corps, meubles, ustensiles de cuisine, céréales, bestiaux, comestibles, combustibles, etc... Tous les biens des particuliers destinés à l'usage personnel, ainsi que les biens des commerçants, furent enlevés.

Indépendamment de ces persécutions officielles, le haut clergé arménien fut invité à faire de la propagande, à engager les Arméniens à aider la Turquie et à faire des souscriptions pour la défense du pays.

Malgré toutes ces exigences, quand la Turquie entra en guerre, la langue arménienne avec celle des pays ennemis, fut supprimée pour les correspondances privées et les Arméniens furent soumis au régime des étrangers originaires des pays ennemis.

Nous ouvrons ici une parenthèse pour expliquer les motifs de ce traitement.

En Europe, d'une façon générale, on ne se rend pas compte de la *nationalité* des Orientaux et particulièrement de celle des Ottomans. Un européen français, anglais ou espagnol, né dans un de ces pays de parents français, anglais ou espagnols, est considéré comme citoyen de ces pays, jouit des droits, et accepte les devoirs que la loi du pays détermine.

Les choses ne se passent pas ainsi en Turquie. Les habitants du pays ottoman se divisent en deux parties : les islams, qui représentent la nation, et les raïas ou les soumis (1). Les soumis se divisent en deux parties : les raïas tributaires et les raïas hospitalisés (2). De sorte que les races tributaires, malgré leur naissance dans le pays ottoman, sont considérées comme étrangères.

Les fondateurs et les législateurs de l'empire ottoman, pour mettre au même niveau la situa-

1. — Cette différence entre les raïas et les soumis est telle qu'un raïa devenu musulman a son état civil changé.

2. — Même un siècle avant, les ambassadeurs des puissances européennes, en se présentant au Sultan, devaient ôter leurs armes, se vêtir d'un faradjé (signe de mendicité) et se présenter au Sultan comme un mendiant demandant l'aumône et l'hospitalité. Sébastiani, l'ambassadeur de Napoléon, fut le premier qui ne fut pas soumis à cette humiliation.

tion politique des raïas tributaires et celle des raïas hospitalisés qui avaient leur ambassadeur, créèrent le patriarcat pour les raïas soumis. En effet, le patriarche d'un peuple soumis est considéré comme chef civil et représentant de son peuple devant les autorités civiles turques, plutôt que comme chef religieux. Il est choisi par le peuple et agréé par le Sultan.

Probablement, la décision de considérer les Arméniens comme des sujets ennemis devait être basée sur la loi du *chéri,* puisque, d'après la constitution de 1910, l'ancienne loi abolie, les raïas soumis devaient être considérés comme citoyens du pays.

Mais, en Turquie, tout se passe à la turque; les peuples raïas qui, jusqu'alors, payaient un impôt militaire, étaient exclus de l'armée. D'après la constitution, les soumis eurent « l'honneur » de participer à l'armée. Le gouvernement turc, tout en imposant le régime des peuples ennemis aux Arméniens, voulait incorporer 100.000 Arméniens dans l'armée turque.

Qui donc pourrait reprocher aux Arméniens dans ce cas leur « insoumission », si ce n'est la presse allemande qui essaya de justifier les massacres arméniens. Comment un Arménien, après avoir été dépouillé de ses biens, de la nourriture et des vêtements de sa famille, après avoir payé un impôt militaire, après avoir été traité comme étranger, pouvait-il entrer sans murmurer dans l'armée turque et marcher contre les Russes ses protecteurs et contre ses frères Arméniens de Russie ?

On ne se bornait pas, d'ailleurs, à les incorporer dans l'armée turque, on les « invitait » à accepter la véritable religion de l'Islam. Tous les officiers allemands de haute « kulture » n'étaient-ils pas devenus musulmans ? Et ne disait-on pas que Guillaume II, le grand chef des Germains, avait déjà témoigné sa sympathie pour la « vraie religion » et bientôt se rendrait en pèlerinage à la Mecque ?... L'Arménien savait qu'une fois incorporé dans l'armée turque, s'il avait la chance de revenir, il se trouverait en face d'un foyer détruit, femme enlevée, enfants disparus !

C'est pour cela que, parmi les 100.000 « incorporables » que comptaient les Turcs, plusieurs milliers se sauvèrent comme ils purent, non pas pour éviter de se battre, mais pour aller se ranger sous les drapeaux des armées de droit et de justice.

Les massacres d'Arméniens pendant cette guerre, s'ils ne sont pas fomentés par Enver pacha et Von der Goltz, sont certainement les résultats du fanatisme et de l'ignorance de ce peuple turc qui, voyant des officiers allemands devenir musulmans et entendant dire que l'Allemagne devenait musulmane, n'admettaient pas que les Arméniens continuassent à marcher dans la voie du christianisme. Avant que la Bulgarie ait pris part à la guerre, on nous écrivait d'une ville bulgare, que deux institutrices protestantes allemandes, voyageant de Sekerd, Sivas à Chabin-Karahissar, avaient rencontré sur leur route, dans des cités et des villages, des milliers et des milliers de cadavres arméniens et, outrées de cette barbarie, revenaient en Europe avec l'intention de faire une propagande en faveur des Arméniens, mais que leur intention ayant été connue par un consul allemand, elles furent mises en prison et envoyées en Allemagne.

Les communiqués officiels, les journaux européens ont mentionné les souffrances de ces 5.000 Arméniens qui, une fois les hommes incorporables partis, ayant été invités à embrasser l'islamisme, se réfugièrent dans les montagnes, se défendirent pendant des semaines jusqu'à l'arrivée des Français qui les délivrèrent.

Voici ce qu'écrivait d'Erzeroum (20 avril) sur les massacres arméniens, notre excellent confrère M. Henri Barby, correspondant du *Journal* que M. Charles Humbert, le sénateur patriote, dirige avec une si belle autorité:

« Le sort des Arméniens d'Erzeroum fut aussi celui de toute la population arménienne des six vilayets, où la Russie, la France et l'Angleterre voulaient, à la veille de la guerre, introduire les réformes promises depuis si longtemps et toujours ajournées par le gouvernement turc.

« Au commencement, la vie sauve fut garantie à tous ceux qui se convertiraient à l'Islam. De gré ou de force, certains adjurèrent et ils reçurent tous le même nom : Abdoullah. (L'idée de ce nom uniforme, permettant de les reconnaître plus tard, est, m'a-t-on affirmé, une idée allemande.)

« Mais bientôt, les Arméniens ne purent plus se sauver par ce moyen. Quelle que fût leur église (catholique, protestante, géorgienne), ils durent s'exiler et ce furent les massacres.

« Ce qui eut lieu alors dépasse en atrocité tout ce qu'on peut concevoir. Comment évoquer les effroyables scènes qui m'ont été décrites ? Les enfants massacrés, mutilés, sous les yeux de leurs mères, folles de peur et d'horreur, que les bourreaux contraignaient à boire des tasses de sang fumant; les femmes, égorgées lorsqu'elles étaient vieilles, violentées lorsqu'elles étaient jeunes, jolies, et, à celles qui étaient rebelles, on cassait les doigts, on brisait les bras. »

Et enfin voici le rapport du prince Argoutinski, membre de la section caucasienne de l'Union des villes, sur la situation des Arméniens de Trébizonde :

« Les Arméniens avaient été massacrés, noyés ou expulsés sous l'inculpation de trahison ou d'aide aux Russes. Les Turcs avaient pris des têtes de jeunes enfants dont ils se servaient comme de cibles. Le rapport s'étend longuement sur les atrocités commises par les Turcs. Quelques enfants arméniens ont pu être recueillis, mais ils sont dans un état déplorable. Ils demandent encore si on va les massacrer.

« L'expulsion des Arméniens commença en juillet 1915. Plusieurs centaines furent mis dans des bateaux et jetés à la mer; 800 jeunes enfants subirent ce sort ».

Les Arméniens de l'Arménie turque sont, de tous les peuples, ceux qui souffrirent le plus de cette guerre; mais ne perdons pas notre temps en lamentations. L'heure est à l'effort commun des peuples conscients, des nations loyales contre la barbarie, contre la force brutale; dans l'avenir, on appréciera les services que les Arméniens rendirent à la cause commune de la défense du droit.

Les dépêches des agences annoncèrent que le gouvernement ottoman massacra ou exila tous les Arméniens habitant les villes et villages des bords de la mer de Marmara, l'Archipel et la Méditerranée, sous prétexte que ces Arméniens ravitaillaient les sous-marins des alliés et leur donnaient toutes indications utiles.

Les Arméniens d'Europe, d'Amérique, d'Egypte, du Caucase firent des efforts considérables. Ceux d'Amérique ouvrirent une souscription pour leurs frères du Caucase, et une autre pour secourir les émigrés arméniens réfugiés en Russie. Cette souscription se monte déjà à quelques centaines de milliers de dollars.

Les souscriptions faites pour les mêmes buts dans les milieux arméniens en Angleterre, en Egypte et dans les colonies anglaises, dépassent le million.

En France, et même à Paris, la petite colonie arménienne donna son obole.

Même des volontaires arméniens de tous milieux partirent se sacrifier pour la juste cause...

L'effort des Arméniens est admbirable, parce qu'après tant de souffrances, ce peuple trouve encore le courage de combattre; il témoigne en même temps d'un superbe esprit d'abnégation et d'un mépris profond de toutes les épreuves. En effet, les volontaires, presque tous originaires de Turquie, en cas de captivité, considérés comme déserteurs turcs, sont exécutés par les Turcs et ceux qui tombent entre les mains des autres belligérants sont soumis à un régime de rigueur à cause de leur origine turque!

Les Arméniens de Russie, d'abord comme

citoyens russes, et pour aider leurs frères dominés par les Turcs, montrèrent un courage, une activité remarquables. Partout, dans tous les grands centres arméniens : Tiflis, Bakou, Kantzac, Chouchi, Erivan, Ikdir, Kars, Alexandropol, Rostow et Nakhidjevan-sur-le-Don, furent créés des Comités pour secourir les volontaires, leur procurer l'armement et l'équipement.

Les colonies arméniennes de Moscou, de Pétrograd, d'Odessa, de Crimée, d'Astrakan, suivant l'exemple des Arméniens du Caucase, créèrent des Comités pour subventionner le Comité central à Tiflis.

De leur côté, les dames arméniennes forment des Comités, font des souscriptions, quelques-unes même s'enrôlèrent comme volontaires.

Pour donner une idée générale sur l'effort arménien pendant la guerre, nous faisons appel au haut témoignage de M. Frédéric Macler en citant les conclusions de son article : « L'effort arménien », paru dans la *Revue hebdomadaire:*

« Si les Arméniens ne constituent pas un Etat indépendant, ils ont, par contre, un patrimoine moral et intellectuel auquel ils sont plus que jamais attachés; ils ont leurs traditions de noblesse et de générosité, auxquelles ils ne sauraient faillir. Ne nous disait-on pas, en septembre dernier, que la seule colonie arménienne de Paris, désireuse de témoigner à la France sa profonde reconnaissance, préleva, sur les sommes dont elle disposait, 5.000 francs qu'elle fit remettre à M. Millerand pour la Croix-Rouge française, 5.000 francs pour la Croix-Rouge de Russie ? Elle fit également tenir à M. Barthou 1.000 francs pour le Comité de secours national, 500 francs à M. Barrès pour les Alsaciens-Lorrains, 500 francs pour l'Œuvre des mutilés de la guerre.

« Les Arméniens n'ont plus, pour l'heure présente, un territoire qui soit proprement leur patrie. Ils ne possèdent pas les avantages que procure aux nations civilisées un Etat organisé et normalement administré. Et malgré cela, depuis le début des hostilités, ils comptent 100.000 hommes comme soldats réguliers dans l'armée russe, et un nombre à peu près égal de volontaires, qui seront fiers de combattre aux côtés de leurs aînés lorsque leur équipement sera achevé. Le parti des Hentchakistes a fourni, dit-on, six corps de 1.000 hommes chacun, et celui des Drochakistes environ sept ou huit corps de 1.000 hommes chaque, suivant les renseignements qui nous sont parvenus.

« Après quarante ans d'un martyre inouï dans les annales de l'histoire, après l'appauvrissement voulu d'une nation désarmée, l'Arménie, au premier signal du combat dernier qui doit assurer le triomphe final, se dresse avec ses 250.000 combattants; tous sont prêts à affronter les balles de l'ennemi, car ils luttent pour la sainte cause de la patrie et de la liberté. L'Arménie ne recule devant aucun effort pour assurer sa délivrance; elle sait qu'en marchant aux côtés des alliés, elle combat pour elle-même, pour le salut de ses fils, pour une espérance qui ne sera point déçue. L'effort présent est le plus sûr garant de l'avenir prochain. »

VII

Les Provinces arméniennes avant la conquête Ottomane et aujourd'hui

Les Turcs conquirent l'Arménie à l'époque de Selim Ier (1516).

La diplomatie européenne s'occupa officiellement du sort des Arméniens depuis la dernière guerre russo-turque (1877). Mais son intervention demeura vaine. En effet, malgré l'article 16 du traité de San-Stefano, l'article 61 du traité de Berlin et la note collective des six puissances exigeant l'exécution des réformes promises (1880), les Arméniens furent persécutés et massacrés.

Et quand, dans leur désespoir, les malheureux Arméniens se soulevèrent et s'adressèrent aux gouvernements européens, ces derniers se contentèrent d'une nouvelle protestation tandis que la Turquie renouvelait et accumulait répressions et massacres.

La France, la Grande-Bretagne, la Russie, une fois de plus, en avril 1895, réclamaient l'exécution des réformes. La Turquie, pour réponse, créa une mission à la tête de laquelle fut placé Cherif-pacha. La mission et son chef comprirent leur rôle de cette façon : suppression des plaintes des victimes par la suppression radicale de ces victimes !

En septembre de la même année, les Arméniens, exaspérés, firent une manifestation devant la Sublime-Porte. Le gouvernement turc, instruit d'avance, avait armé les Musulmans et sur un signal de la police les massacres des manifestants ou non manifestants recommencèrent.

Des grands massacres furent également ordonnés par les autorités turques dans les provinces arméniennes.

Encore une fois s'élevèrent en Europe, dans les milieux politiques, diplomatiques et littéraires, des protestations en faveur des Arméniens; en France, en Angletere, en Suisse, en Russie, des meetings furent organisés ayant pour but de stigmatiser le régime. Toutes ces protestations furent superflues.

Le Comité fédéral arménien organisa la

magnifique et retentissante manifestation de la Banque Ottomane et de nouveaux soulèvements eurent lieu à Sassoun, à Kenous et à Van. Il se trouva alors en Europe des politiciens, des diplomates, des écrivains qui reprochèrent aux Arméniens leur manière d'agir; on incrimina ces révolutionnaires pour l'emploi qu'ils avaient fait des grenades contre les égorgeurs de leurs femmes et de leurs enfants ! Il est vrai que l'Europe d'hier ne se doutait pas qu'un jour viendrait où des Européens combattraient avec des grenades, des gaz suffocants et asphyxiants !

La Turquie, appuyée par l'Allemagne, continua à détruire systématiquement les Arméniens.

L'armée russe du Caucase, sous le commandement du grand-duc Nicolas Nicolaievitch, en peu de temps et par le canon, régla en partie la question ambiguë des provinces arméniennes que les diplomates depuis des années n'avaient pas réussi à résoudre.

Au moment où quelques-unes des provinces arméniennes se libèrent du joug turc, nous croyons utile de comparer leur état actuel à celui dans lequel elles se trouvaient au moment de la conquête ottomane.

Nous n'avons pas la prétention de faire l'historique des cités arméniennes. Les détails que nous avons pu grouper pourront être utiles à ceux qui tenteront de se livrer à des études approfondies sur ces provinces. Parmi ces provinces, les vilayets de Van, de Bitlis renferment dans leurs ruines des documents et des inscriptions intéressant l'histoire des Assyriens, des Romains et de toutes les races ou religions dont ces contrées furent ou le champ de bataille ou le berceau.

Trébizonde. — Ce vilayet, habité en grande partie par des Arméniens, sert de port de commerce aux provinces arméniennes. Capitale de l'antique Cappadoce, chef-lieu de la province (vilayet) de ce nom, sur la rive méridionale du pont Euxin.

Trébizonde, fortifiée par Mitridate, embellie par Trajan, détruite par les Goths, refortifiée et embellie de nouveau par Adrien et Justinien, devint la capitale des Comnène, qui y fondèrent leur empire avec l'aide des Croisés. Mahomet II, après la prise de Constantinople, en 461, marcha sur cet empire et le bloqua par mer et par terre. Le dernier empereur, David Comnène, traita avec le conquérant, de son sort et de celui de ses sujets. Mahomet, sous la foi du serment, promit de respecter et la vie et les biens de l'empereur et de ses sujets si le souverain acceptait de capituler et d'aller à Constantinople, où il serait traité en ami; mais une fois la famille Comnène en route pour Constantinople, Mahomet, revenant sur sa parole, fit incorporer parmi les janissaires les enfants des habitants et contraignit les citoyens riches à abandonner leurs biens et à aller peupler d'autres provinces turques; ces richesses furent partagées entre les soldats de Mahomet.

Une fois à Constantinople, Mahomet invita David et sa famille à choisir entre le Coran et la mort et sur le refus du monarque de devenir musulman, on le décapita, après l'avoir fait assister au supplice de ses sept fils. Les corps furent jetés sans sépulture sur une plage déserte de la mer de Marmara.

Lors de la conquête des Turcs, la ville de Trébizonde possédait 180.000 habitants. Les historiens de l'époque célèbrent la hauteur de ses tours, la splendeur de ses quais, de ses dômes couverts de lames de plomb, la solidité de ses remparts.

Aujourd'hui, la ville de Trébizonde, dépouillée de tous ses attraits, contient à peine le quart de la population d'autrefois.

Erzeroum. — Arzen, Karine, Theodosiopolis, depuis la prise de cette ville, l'étymologie même de ce nom a donné lieu à des controverses. Les uns croient qu'Erzeroum vient de Erdzen-el-Roumi (domaine des Roumains), tandis que les autres prétendent que la ville tire son origine de Erdzer-oun (terre de feu), le pays étant volcanique; cette dernière opinion n'a aucune valeur, le district d'Erzeroum étant le moins volcanique de toute l'Arménie.

La ville d'Erzeroum, dont la province possède les sources des grands fleuves d'Arménie : l'Euphrate ou Ardzania, Kariine (1), Araxe, est située près de la montagne de Bur-Ake, l'ancien Abos ou Avos, Bin-Keule turc (mont des dix mille sources).

Les deux grandes rivières arméniennes, Ardzania et Kariine, ont donné leurs noms à cette province et à la ville principale.

1. — Voir *Manuel d'Assyriologie*, par A. Fossey.

La province fut appelée Karenitide ou Arzania et la ville Arzen ou Karine.

D'autre part, le nom d'une famille régnante arménienne, Arzrouni, qui régna sur une partie de l'Arménie au IXe siècle de notre ère, a la même sonnance que le mot Erzeroum. L'existence de ces mots Karine, Arzen et Arzrouni est plus ancienne que l'apparition des Romains dans cette province.

Dans l'histoire on parle du bourg de Karine ou Arzen au commencement du IVe siècle, à côté duquel fut construite et fortifiée une ville, en 402, par Anatolius, général romain des armées d'Orient, avec l'ordre de Théodose le Jeune, et fut appelée Théodosiopolis.

Les habitants de Karine ou Arzen furent invités à venir habiter cette ville. C'est une de ces deux villes qui doit être Erzeroum d'aujourd'hui.

Au début du VIe siècle, Phocus ayant renversé l'empereur Maurice, le remplaça.

Chosrau II, roi de Perse, allié de l'empereur Maurice, pour venger ce dernier, déclara la guerre à Phocus (604).

La guerre fut longue et l'armée perse piétina des années durant l'armée romaine.

En 611, Karine, alors grande forteresse bysantine, fut assiégée; elle tomba entre les mains des Perses qui emmenèrent les habitants en esclavage et saccagèrent la ville; en 624, l'armée romaine prenant le dessus, enleva aux Persans toutes leurs conquêtes et Heraclus débarqua à Trébizonde et son armée, grossie par l'armée de Mejej-Cnouni, général arménien, repoussa partout les Perses et reprit Karine.

En 785, Haroun-el-Rechid, commandant l'armée arabe, força Constantin Porphyrogenète à conclure la paix en abandonnant Théodosiopolis. Les forts furent démantelés. Du VIIIe au XIe siècle, Erzeroum devient une des grandes villes et centre de commerce du royaume arménien bagratide. Ses commerçants se transportèrent dans toutes les parties du monde et la ville était devenue l'intermédiaire du trafic commercial d'Europe et d'Asie.

A peine les Bysantins avaient-ils conquis le domaine des familles Bagratide et Arzrouni que le seldjkidue Thogrul bey leur disputa ce pays.

Aristaguès Lastivertzi (chapitre XII) rapporte que l'armée de Thogrul avançant dans la Phariane, Karenitide ravagea et incendia les grandes villes Arzen et Théodosiopolis.

Le chroniqueur arménien Mathieu d'Edesse (8 mars 1050) écrit :

« Sous le règne de Monomaque-César, qui par la fourberie et le parjure dépouilla la dynastie des Bagratides de la souveraineté de l'Arménie, une calamité, signe de la colère divine, nous vint de la Perse par ordre de Thogrul, sultan. Deux généraux sortirent de son divan, nommés l'un Aprêem et l'autre Kethelmousch. Ils s'avancèrent à la tête d'une armée formidable contre l'Arménie. Ils se dirigèrent d'abord contre la célèbre et populeuse ville d'Arménie que l'on appelle Arzen. Ils n'ignoraient pas qu'elle était dégarnie de remparts et qu'elle renfermait une multitude d'hommes et de femmes, ainsi que des trésors immenses d'or et d'argent.

« A la vue des infidèles, les habitants sortirent pour les repousser. Un combat terrible s'engagea sous les murs mêmes de la ville. Il dura une grande partie de la journée et les campagnes se couvrirent de sang, car il n'y avait aucun lieu qui put servir d'abri et nul secours à attendre : la mort seule s'offrait aux habitants. Enfin, écrasés par le nombre, ils tournèrent le dos et les infidèles, pénétrant dans la ville l'épée nue, massacrèrent tous ceux qui s'y trouvaient, au nombre de 150.000. Il serait superflu de mentionner l'or, l'argent, les étoffes de brocart dont ils s'emparèrent ; la plume est impuissante à en retracer la quantité. J'ai entendu raconter souvent et par beaucoup de gens, au sujet du chorevèque Tavthoug, dont Ibrahim enleva les trésors, qu'il fallut quarante chameaux pour les emporter, et que huit cents sixains de bœufs sortirent de ses étables. A cette époque il y avait à Arzen huit cents églises où l'on célébrait la messe. Ce fut par ce cruel désastre et après un affreux carnage que tomba cette belle et noble cité. Comment raconter ici, d'une voix étouffée par les larmes, le trépas des nobles et des prêtres dont les corps, laissés sans sépulture, devinrent la proie des animaux carnassiers; le sort des dames d'une haute naissance conduites avec leurs enfants comme esclaves en Perse et condamnées à une éternelle servitude ! Ce fut le commencement des malheurs de l'Arménie. Prêtez donc une oreille attentive à ce récit douloureux.

« L'extermination de la nation orientale s'opéra successivement d'année en année et Arzen est la première ville qui fut prise et disparut dans cette ruine. »

Après la disparition des Seljoukides, Erzeroum tombe entre les mains des Persans et Romains.

L'armée de Timour à son tour ravagea la province d'Erzeroum; dans cette province, Timour incendia des villes et villages et à leur place construisit des murailles où étaient enfermés des hommes vivants cimentés dans la chaux.

Plus tard, cette province devint le champ de bataille des Ottomans et des Persans.

C'est pour la quatrième fois que l'armée russe rentre victorieuse à Erzeroum : en 1828, 1855, 1877 et 1916. La province d'Erzeroum est riche de minerais et arrosée par plusieurs fleuves et leurs affluents est la plus productive des provinces de l'Asie Mineure.

La Russie, en 1877, avait déjà conquis le district de Chirak, la ville de Kars, Sarikamich, Kaghzevan.

En 1916, les districts d'Alach-Kert, Passen, Kenous sont déjà pris par les Russes, ainsi que le district d'Erdzindjian, l'ancienne Acilisène.

Quoique Erzeroum possédait dans ses dernières années 50.000 habitants, dont une grande partie d'Arméniens, au moment de la prise de la ville par les Russes ce nombre était réduit à quelques centaines.

Van. — L'ancien Naïri ou Beainnae (Vanae-Van) assyrien que Ptolémée nomme Vovanae. Les habitants prononcent Vanne.

Incontestablement, Van est une des plus anciennes villes du monde; sa fondation attribuée à Semiramis (on la nomme même Semiramocerta), son histoire et celle de ses rois est inscrite avec des lettres cunéiformes sur ses murailles avec une langue inconnue ou inexpliquée, pourront peut-être éclaircir un jour son glorieux passé.

Van, comme Erzeroum, comme toutes les autres provinces arméniennes, a subi l'invasion de divers conquérants.

Au xe siècle de notre ère, Van devient la capitale des rois Arzrouni.

La province de Van a eu peu à subir le joug des Ottomans ; quoique attachée à l'empire ottoman depuis le xve siècle, elle était gouvernée par des émirs kurdes ou turcomans.

Le peuple arménien de Van à plusieurs reprises se souleva contre les Turcs et dans cette guerre il se défendit jusqu'à l'arrivée de l'armée russe et participa à la prise de la ville et de la province.

Le gouvernement russe, pour récompenser l'effort des Arméniens, nomma gouverneur de la ville un Arménien.

Bitlis ou Bagh'ech. — Ville de l'ancienne province arménienne Tourouberan du district Beznounik, chef-lieu du vilayet de ce nom. D'après la légende, la ville et le fort auraient été construits par Alexandre le Grand. Des inscriptions cunéiformes et persanes, découvertes en 1895 et 1902, ne sont pas encore déchiffrées.

L'étymologie du nom Bitlis, mot syraïque, est Beït-lis, qui signifie beau jardin. L'appellation Bagh'ech, que les Arméniens lui donnent jusqu'aujourd'hui, est la composition de deux mots persans : Bagh (jardin) et ech (beau).

Bitlis s'étale au milieu et sur les hauteurs des cinq montagnes qui l'entourent; elle est sillonnée de trois rivières, les affluents du Tigre, qui s'unissent au milieu de la ville, près de l'ancien fort en la divisant en quatre quartiers; chaque maison est dotée d'une source et d'un grand jardin rempli d'arbres de toutes espèces, les maisons disparaissent au milieu des jardins et en contemplant la ville des hauteurs des montagnes on ne voit qu'un immense jardin.

La ville est pittoresque et d'une beauté naturelle incomparable pendant la bonne saison ; l'hiver est neigeux et froid. Pendant quatre mois, une couche de neige de huit à douze mètres couvre la ville et arrête tout mouvement. Les habitants s'approvisionnent le façon à sortir le moins possible pendant cette époque.

Bitlis est entourée des grandes villes d'autrefois : Mouch ou Daren (la seule qui reste entièrement debout), Aïdziatz et Ardzké ou Ardzkan (deux grandes villes fortes d'autrefois), Khelath ou Akhelat (capitale de Scha-Armen vers le xe siècle), Ardjech (grande ville de l'ancien Aghï'hovid), Malazkerd (autrefois capitale et célèbre au nom de Manavazaguerda qui existe à moitié détruite ainsi que les villes Avérak-Korvou (Korvou la ruine), Odz-Karhak (la ville serpent), Ormuzd et d'autres dont on remarque à peine les ruines. Bitlis est la seule ville de ce vilayet qui a pu résister à ses envahisseurs; elle était renommée pour ses carrières. La ville, en effet, ainsi que les montagnes, sont remplies de carrières; on y trouve particulièrement plusieurs espèces de marbre et du granit. La montagne Marmernotz (montagne des marbriers), le long de la rivière Ichkan, au nord-est de la ville; la montagne Karmir-Kar (montagne de granit rouge), et la montagne Sève-Kar (montagne de pierre noire) servirent dans le passé pour embellir les châteaux et les palais de Ninive et de Babylone. Depuis la conquête turque, tout cela a cessé d'avoir une importance.

Au sud-est de la ville, entre Kuzel-déri (Salno-dzor d'autrefois) et Sekerd se trouvent les ruines entièrement ensevelies de la ville de Peghinze-Kaghak (ville de bronze) ; d'après la légende, le sol de cette contrée renfermerait 1/40 d'or et 7à10 de bronze.

Le gouvernement ottoman n'a jamais connu l'existence des richesses de cette contrée où, comme a dit le célèbre explorateur anglais Linch, il existe des milliers de kilomètres où un gendarme ottoman n'a jamais passé. D'ailleurs les gendarmes, les fonctionnaires sachant à peine lire et écrire en turc, n'étaient pas de taille à apprécier la valeur du sol et les gouverneurs venant de Constantinople avaient d'autres moyens pour s'enrichir que de s'intéresser à cela.

Le vilayet de Bitlis, quoique depuis 1515 sous la domination ottomane, n'est considéré comme province ottomane proprement dite que depuis 1790; avant cette époque, les émirs tartares et les beys kurdes, originaires du pays, achetaient la charge de gouverneur de chaque contrée pour une durée de dix, vingt ou trente ans et pendant cette période ils étaient les maîtres absolus du pays.

Avant sa prise par les Ottomans, Bitlis était importante et les chroniqueurs rapportent que dans une nuit furent célébrés trois cents mariages (1).

Le nombre des habitants d'autrefois était de 150.000; avant la guerre, il y avait 35.000 habitants, dont 25.000 Turcs et Kurdes.

---

1. — A Bitlis, même de nos jours, la célébration du mariage a lieu la nuit.

VIII

Aspirations Nationales et Avenir de l'Arménie

Après avoir subi l'oppression de nombreux conquérants, après avoir supporté depuis quatre siècles le choc des barbares envahisseurs, après avoir enduré de la part des Turcs-Ottomans les pires persécutions, le peuple Arménien a tout de même pu conserver son caractère national et garder l'énergie nécessaire pour réclamer, auprès des puissances européennes, la liberté, l'autonomie auxquelles il avait droit.

Lorsqu'il s'est senti en danger, le gouvernement turc a poussé les Arméniens à solliciter l'autonomie politique (1) — sous le *protecto-*

1. — Voir la question arménienne : *A la lumière des documents*, par Marcel Leard.

rat ottoman ; puis, soutenu par les Hohenzollern, a fait assassiner par ses bourreaux à gages, près de 600.000 malheureux Arméniens.

Après ces exécutions en masse perpétrées, est-il possible que le peuple soit fondé à espérer la renaisance d'une vie nationale?

Est-il admissible que la guerre étant terminée par la victoire des alliés, victoire de la justice et du droit, les diplomates au moment du réglement de comptes, ne prennent pas en considération la question arménienne?

Ne serait-il pas profondément injuste, profondément anormal que l'Arménie, libérée du joug turc, devienne une province soumise à une autre puissance — dont les Turcs habitant l'Arménie et qui prirent part aux massacres seraient les fidèles sujets?

Ne serait-il pas monstrueux que l'Arménie, après avoir tant souffert, tant fait de sacrifices, demeurât esclave de la Turquie du fait de la volonté des diplomates, lorsque les Empires centraux seront battus?

Certes, des sympathies très hautes, très estimables se sont manifestées en faveur de l'Arménie...

Récemment, au mois d'avril de la présente

année, la Société des Amitiés Franco-Etrangères, sous la présidence de M. Paul Deschanel, membre de l'Académie française, président de la Chambre des députés, a rendu hommage à l'Arménie, a dit éloquemment quel fut son martyre, a manifesté sa pitié pour les éprouvés. Et à ce témoignage se sont associées des personnalités politiques, littéraires, militaires de France, d'Angleterre, de Russie, d'Italie, du Japon, de Belgique, de Serbie et aussi des pays neutres ; la Croix-Rouge allemande et les missions évangéliques allemandes y ont même adhéré ainsi que l'attestent les rapports lus par M. Paul Painlevé, rapports qui établissent nettement et mettent en pleine lumière d'horreur, les inqualifiables cruautés des Germano-Turcs.

M. Deschanel rapprocha l'Arménie de l'Alsace, M. Anatole France souhaita la renaissance de l'Arménie; de multiples bonnes volontés s'affirmèrent...

Que résultera-t-il de tout cela?

Quel sera le sort de l'Arménie?

On ne saurait le comparer à celui qui attend l'Alsace-Lorraine qui devra être — qui sera rattachée à la France, la mère-patrie — ni à celui de la Pologne, de la Belgique et de la

Serbie dont les populations, malgré tout, ne sont point anéanties.

Il y a peu de temps, M. Victor Bérard qu'il faut toujours citer quand il s'agit des questions arméniennes, insistait sur le danger qu'il y aurait à partager la Turquie, sans tenir compte des justes *desiderata* des Arméniens, des Arabes, des Syriens.

Est-ce donner la liberté à l'Arménie que de l'annexer à une autre puissance ou la morceler en plusieurs territoires attribués à plusieurs puissances?

Les Arméniens qui appartiennent à la civilisation gréco-latine, s'y sont toujours montrés attachés, ont combattu aux côtés des Occidentaux, fourni des souverains à l'Empire de Byzance.

Après la ruine de Rome et de Byzance, elles se tournèrent vers l'Occident et plus particulièrement vers la France.

Lorsque les Français des Croisades eurent prêté leurs concours aux Arméniens du Royaume Roubénian de Cilicie, le peuple Haïk reconnaissant allia la famille royale arménienne avec la famille française de Lusignan afin de resserrer les liens d'amitié entre les deux pays.

Le dernier roi arménien, Léon V, chassé par les Tartares et les Egyptiens se rendit en France d'où il espérait revenir avec une armée qui l'aidât à reconquérir son trône; une maladie, conséquence de ses fatigues, des dures épreuves qu'il avait traversées l'emporta malheureusement avant qu'il pût mener à bien son entreprise.

La mort à Paris du dernier roi d'Arménie signifie, pour le peuple, que la liberté lui viendra grâce à l'appui de la France!

Tous les malheurs de l'Arménie dans ces cinquante dernières années, viennent de ce que la France, en 1870, a été vaincue par l'Allemagne qui fut l'*associée* de la Turquie dans toutes les manœuvres d'oppression, dans tous les massacres que subirent les Arméniens. Ceux-ci, qui ont souffert plus que n'importe quel peuple, savent qu'une fois libérés du joug ottoman, ils ne pourront vivre avec une autonomie absolue.

Ils souhaiteraient n'être point divisés ni annexés à quelque nation que ce soit, même la France, l'Angleterre ou la Russie.

Leur rêve serait que les provinces d'Erzeroum, de Van, de Bitlis, de Diarbékir, de Karpouth, de Civas et la Cilicie fussent unies indissolublement et formassent une Arménie autonome sous la protection collective des grandes puissances démocratiques.

Ce rêve apparaît réalisable, ce souhait légitime.

Puissent les puissances intéressées le comprendre et assurer enfin à ce pays si effroyablement éprouvé un peu de tranquillité, de calme, de sécurité, d'où peut naître, d'où naîtra pour lui un développement d'intellectualité et de civilisation.

NIORT
IMPRIMERIE TH. MARTIN

www.ingramcontent.com/pod-product-compliance
Ingram Content Group UK Ltd.
Pitfield, Milton Keynes, MK11 3LW, UK
UKHW020244220726
13923UKWH00002B/815